与 大 师 同 行

　　"你知道吗，我们每个人一生中都会影响至少一万个人。关键在于你如何运用你的影响力。这本书的目的是帮助你发展你的领导能力，扩展你的影响力。无论你的愿望是建立或稳固一个企业，培养优秀的孩子，还是改变世界，实现它的第一步都是提高你的领导水平。"

领导力的四大基石

[美] 约翰·C.麦克斯维尔（John C. Maxwell）◎著

赖伟雄 杨 钐 路卫军 ◎译

REAL
SUCCESS
RELATIONSHIPS / EQUIPPING / ATTITUDE / LEADERSHIP

浙江人民出版社

图书在版编目（CIP）数据

领导力的四大基石 / （美）约翰·C.麦克斯维尔著；赖伟雄，杨钐，路卫军译. — 杭州：浙江人民出版社，2022.4

ISBN 978-7-213-09542-9

Ⅰ. ①领… Ⅱ. ①约… ②赖… ③杨… ④路… Ⅲ. ①领导学 Ⅳ. ①C933

中国版本图书馆CIP数据核字（2021）第078075号

浙江省版权局
著作权合同登记章
图字：11-2018-72号

Relationships 101/ Equipping 101/ Attitude 101/ Leadership 101 by John C.Maxwell

Copyright © 2003/2003/2003/2002 by Maxwell Motivation, Inc., a Georgia Corporation

Published by arrangement with Thomas Nelson, a division of Harper-Collins Christian Publishing, Inc. through the Artemis Agency

领导力的四大基石

[美] 约翰·C.麦克斯维尔　著

赖伟雄　杨　钐　路卫军　译

出版发行：浙江人民出版社（杭州市体育场路347号　邮编　310006）

市场部电话：(0571)85061682　85176516

责任编辑：尚　婧

营销编辑：陈雯怡　陈芊如

责任校对：戴文英

责任印务：刘彭年

封面设计：王　芸

电脑制版：杭州兴邦电子印务有限公司

印　　刷：杭州杭新印务有限公司

开　　本：710毫米×1000毫米　1/16　　印　　张：17.25

字　　数：229千字　　　　　　　　　　插　　页：2

版　　次：2022年4月第1版　　　　　　印　　次：2022年4月第1次印刷

书　　号：ISBN 978-7-213-09542-9

定　　价：58.00元

如发现印装质量问题，影响阅读，请与市场部联系调换。

　　每年我都被邀请到田纳西州纳什维尔的托马斯·纳尔逊出版公司（Thomas Nelson）给员工们作演讲，我很高兴能这么做。我把出版商视为自己的合作伙伴，而多年来，托马斯·纳尔逊一直是我的好伙伴。

　　在我最近的一次访问中，我与出版商的所有员工进行了交谈，从总裁到仓库工人，我向他们解释了我为什么要写书，是因为我想帮助人们成功。作为一个有着多年经验的领导者，我一直将人际关系、赋能、态度和领导技能作为写书的四个主题，这也是我领导生涯的最大收获。

　　我认为，领导力就是影响力，无论你在工作中是不是处在领导岗位，这四个主题都是非常重要的。在家庭中，你可以影响你的家人；在其他人际关系中，你可以影响你的朋友、同事；如果你处于领导岗位，那你可以影响更多的人。不管你希望在哪个领域获得成功，你都需要扩展你的影响力。

　　这本书，包含了四堂教你如何获得真正成功的"短期课程"，包含了我几十年领导经验的要点。它定义了领导力，明确了每个领导者都应该培养的一些特质，并展示了领导力可以对你和你所领导的人的生活所产生的影响。

　　你知道吗，我们每个人一生中都会影响至少一万个人。关键在于你如何运用你的影响力。这本书的目的是帮助你发展你的领导能力，扩展你的影响力。无论你的愿望是建立或稳固一个企业，培养优秀的孩子，还是改变世界，实现它的第一步都是提高你的领导水平。

培根说："知识就是力量。"在他生活的年代，信息匮乏，可以这么说。但是在今天，我认为更好的说法是，知识赋予了我们力量——只要它是你所需要的。我的愿望是赋予你力量，帮助你提升到更高的层次。

人际关系篇
RELATIONSHIPS

第一部　人际关系的本质

01　为什么人际关系对成功至关重要　/ 004

02　关于他人，我需要知道什么　/ 008

第二部　建立人际关系的基础

03　怎样才能影响他人　/ 018

04　怎样与人建立关系　/ 026

05　怎样成为更好的聆听者　/ 031

第三部　人际关系的成长

06　怎样与他人建立信任关系　/ 040

07　最重要的人际关系是什么　/ 048

08　既是领导者，也是服务者　/ 057

E 赋能篇
QUIPPING

第一部　培养团队

01　为什么必须赋能给他人　/ 066

02　如何培养团队思维　/ 073

第二部　赋能给正确的人

03　应该赋能给什么样的人　/ 082

04　潜在的领导者是什么样的　/ 090

05　赋能需要什么　/ 102

第三部　迈向更高层次的赋能

06　如何激励其他人　/ 114

07　如何帮助别人发挥潜能　/ 119

A 态度篇
TTITUDE

第一部　态度的影响力

　　01　态度如何影响领导力 ／ 130

　　02　态度如何影响个人 ／ 138

第二部　态度的形成

　　03　哪些因素影响一个人的态度 ／ 148

　　04　态度可以被改变吗 ／ 157

　　05　失败能改善我们的态度吗 ／ 166

第三部　拥有正确态度

　　06　何为失败 ／ 176

　　07　何为成功 ／ 183

　　08　一个领导者如何不断进步 ／ 191

L 领导技能篇
LEADERSHIP

第一部　领导者的成长

01　作为领导者,为什么必须成长 / 198

02　作为领导者,如何成长 / 205

第二部　领导者的特征

03　如何变得自律 / 214

04　如何按优先次序安排生活 / 218

05　如何培养信任 / 228

06　如何有效展示愿景 / 233

第三部　领导者的影响力

07　影响力为什么重要 / 240

08　影响力是如何作用的 / 247

09　如何扩展影响力 / 256

10　如何保持持久的领导力 / 264

RELATIONSHIPS

人际关系篇

你把时间和心思用于理解他人，得到的回报是做其他很多事情难以达到的。无论是在工作中，还是在生活中，很少有其他事情能提高你的声望、地位，也没有什么能给予你如此多的满足感和幸福感。

——乔治·金佐尔、爱德华·戴尔

REAL SUCCESS

麦克斯维尔成功启示录

1. 人际关系首先从尊重开始，它要求你重视他人的价值。

2. 在人们还没有证明自己之前，首先要相信他们，这是激励其发挥潜能的关键。

3. 只有先打动人心，才能推动其行为。

1

第一部

人际关系的本质

01 为什么人际关系对成功至关重要

人际关系是把团队成员凝聚起来的黏合剂。

20世纪60年代初，麦克尔·迪弗（Michael Deaver）还是一个年轻人，颇有政治抱负，正在寻找自己相信并愿意跟随的领导者。他遇到一位由演员转型的政治家，此人名叫罗纳德·里根（Ronald Reagan）。1966年，里根当选加利福尼亚州州长，此后连任两届。在里根任职期内，迪弗成了他的办公室副主任。里根成为美国第40任总统之后，迪弗担任同样的职务。

对于与自己工作了30年的这个人，迪弗钦佩不已：他对国家信念坚定并热爱有加，他明白自己是谁，他具备沟通的技巧，他诚实无欺。迪弗说："就我所知，他根本不具备不诚实的能力。"然而，罗纳德·里根给人印象最深的，可能还是他与他人建立关系的能力。

迪弗说："罗纳德·里根是我遇到过最腼腆的人之一。"但这位总统能与任何人沟通，无论是一州之长、蓝领工人还是媒体人物。当被问及里根为何与新闻界关系如此之好时，迪弗回答说："里根对所有人都保持尊重和善意，无论他们是新闻界人士，还是普通人。这是人所共知的。许多媒体可能不同意里根的政策，但确实喜欢他这个人。"

里根的社交技巧部分来自他自身焕发的魅力，以及在好莱坞练就的嘴皮子功夫，但更多还是来自与他人建立关系的能力。后一种能力是他做通用电气代言人的10年间在全国各地的巡回演讲中磨炼出来的。

据说里根能让任何人都感觉到自己是他最好的朋友，哪怕此前他们从不认识。更重要的是，他善于与身边人交往。他从心底里关心自己团队中的每一个人。"无论是参谋长，还是园丁，或者一个秘书，只要目光所及，他都一视同仁，"迪弗回忆道，"对他来说，他们都是重要人物。"

迪弗讲了自己与里根交往的一段经历。1975年，里根在旧金山向一群观念保守的猎人发表演讲，组织者给了他一只小青铜狮子作为礼物。当时，迪弗很喜欢这个礼物，并告诉里根州长，他觉得它非常美。10年后，迪弗决定不再服务于里根总统，写了辞职信。里根让迪弗第二天上午到总统办公室去。迪弗进屋时，总统站在办公桌前面迎接他。

"麦克，"他说，"我想了一晚上，想找件东西，作为我们共同度过的美好时光的留念。"然后，里根转过身，从办公桌里拿出一个东西。"我记得，你好像有几分喜欢这个小东西。"总统说着，眼眶湿润了。他把青铜狮子递给迪弗。迪弗完全震惊了，他无法相信这么多年了，里根还能想起这件与自己有关的小事。从那以后，青铜狮子一直放在迪弗家里最显眼的位置。

牢固的关系

人们喜欢追随在里根身边，因为他亲切友好，愿意与他们建立联系。他知道，人际关系是把团队成员凝聚起来的黏合剂。人际关系越牢固，团队合作得就越好。

你做的每一件事情都需要依靠团队。无论你是领导者还是跟随者，是教练还是球员，是教师还是学生，是家长还是孩子，是 CEO 还是普通的工作人员，你都会与他人打交道。问题在于，你与他人的交往是否成功？你发挥领导力的最好机会就在与团队成员的交往之中。如果你想知道自己是否已和他人建立了牢固的关系，请在你的人际关系中找到以下五个特点：

1. 尊重

人际关系首先从尊重开始，它要求你重视他人的价值。人际交往作家莱斯·吉布林（Les Giblin）说："如果你暗自觉得那个家伙不重要，你就无法让他觉得你很重要。"

你应当主动对他人表示尊重，即使他们没有做任何事情让你尊重他们。因为他们是人，这就够了。但同时，你要时刻期待赢得别人的尊重，而困境之中是最容易赢得尊重的。

> 人际关系首先从尊重开始，它要求你重视他人的价值。

2. 共同体验

尊重是良好人际关系的基础，但仅有尊重是不够的。你不可能与你不了解的人建立牢固的关系。它要求长期的共同体验，这并不容易做到。例如，赢得 2001 年的"超级碗"之后，有人问巴尔的摩乌鸦队教练布赖恩·比利克（Brian Billick），球队有多大机会夺得下一赛季的冠军，他认为难度很大。为什么？因为每年球队有 25%—30% 的球员会出现变动，而新球员没有球队成功所需的、足够的共同体验。

3. 信任

当你尊重他人、花足够时间与他们建立共同体验时，你同时也在培养信任感。信任是所有良好人际关系的基本要素。苏格兰诗人乔治·麦克唐纳（George MacDonald）说："被信任是比被爱更大的赞美。"**没有信任，任何人际关系都是空中楼阁。**

4. 互惠

单方面的关系不会持久。如果一方总是付出，另一方总是接受，这种关系终将破裂。这点适用于任何人际关系，包括团队中的人际关系。人际关系中的每个人，必须有予有取，以便人人都能在付出的同时受益。记住，要问问你的团队成员、同事、朋友，他们有何希望、要求和目标。全心全意关注他人，并且告诉别人你在关心他们。

5. 共同享受

如果人际关系开始变得牢固，相关的人就会产生愉悦。仅仅是这些人聚在一起，就能让原本不愉快的工作变成一种积极的体验。

在人际关系中，你的做法是什么？你是用大量的时间和精力建立牢固的人际关系，还是过于注重结果，以致忽略了他人（或者把人们压得喘不过气）？如果你实际上选择了后者，那么看看乔治·金佐尔（George Kienzle）、爱德华·戴尔（Edward Dare）在《攀登管理阶梯》（*Climbing the Executive Ladder*）一书中的睿智之言吧："你把时间和心思用于理解他人，得到的回报是做其他很多事情难以达到的。无论是在工作中，还是在生活中，很少有其他事情能提高你的声望、地位，也没有什么能给予你如此多的满足感和幸福感。"良好的人际关系，能够带来个人和团队的成功。

02 关于他人，我需要知道什么

他人是你最大的财富和依靠。

如果你渴望成功，渴望把自己积极的一面展现给世界，你就需要有理解他人、站在他人的角度思考的能力。学会理解他人，能够让你生活的各个领域都发生改变，而不仅仅是商场上。请看看下面这位学前儿童的母亲的经历：

> 我把4岁的儿子留在家里，自己跑出去倒垃圾。当我回来要进门的时候，却发现门锁上了，而调皮的儿子并不愿意给我开门。我知道，如果坚持让儿子给我开门，结果将是一个小时的拉锯战。于是，我故作悲伤地说："噢，真糟糕。你把自己锁在家里了。"门立刻打开了。

理解他人会对你的沟通能力产生重大影响。宾夕法尼亚大学精神病学教授、内科医生大卫·伯恩斯（David Burns）说："要想在谈话中说服他人，最大的错误就是将表达自己的观点和感情视为高于一切的需求。大多数人真正需要的是聆听、尊重、理解。一旦人们觉得自己被理解，他们就更有积极性去理解你的观点了。"如果你能学会理解他人，了解他们怎么想，他们感受如何，什么能激励他们，在特定的时候他们会怎样行动和做出反应，你就能以积极的方式推动、影响他们。

人们为什么很难理解他人

对他人缺乏理解是造成我们这个社会无休止的紧张不安的源头之一。我曾听一位律师说："50%的争论和对抗不是起因于观点不同或无法达成共识，而是相互间不理解。"如果我们能少一些误解，法庭就不会那么拥挤，暴力犯罪就不会那么多，离婚率会大大降低，人们日常生活中的压力也会大大减少。

既然理解如此重要，为什么很多人还是不能身体力行呢？原因有很多。

1. 恐惧

对于不解之物，不应蔑视，也不应反对。但许多人的做法正好相反。当他们无法理解他人时，他们通常会恐惧。一旦开始惧怕他人，他们就很难克服恐惧去更多地了解他人。这成了一个恶性循环。

遗憾的是，恐惧在工作场景下相当普遍，尤其是员工对其领导者。而在一个健康的工作环境中，如果你允许其他人保持怀疑，用理解代替恐惧，大家就能心情舒畅地在一起工作。我们只需要遵循美国前总统哈里·杜鲁门（Harry Truman）的建议："如果我们理解另一个人的观点，明白他想做什么，那么，他想做的十有八九都是对的。"

2. 自我中心

如果你不是被恐惧绊倒，那就是被自我中心绊倒。人们不是有意要以自我为中心的，只是人的本性是首先考虑自己的利益。和一个两岁的孩童玩一会儿，你就能明确地体会到这一点：他自然会为自己挑选最喜欢的玩具，并坚持自己的方式。

克服自我中心的方法之一，是试着从其他人的角度看问题。在和一群销售人员交流时，《世界级销售》（*World Class Selling*）的作者阿特·莫泰尔（Art Mortell）贡献和分享了自己的经验："每次我输了棋，总会站到对手的后面，从他那边看棋局。然后，我就能发现自己走了哪些臭棋。"

这对我们每个人都是挑战，无论我们从事何种职业。以下文字提示我们在与人相处时应当优先考虑的东西：

> 一堂简短的人际关系课程——
>
> 最不重要的一个字：我。
>
> 最重要的一个词：我们。
>
> 最重要的两个字：谢谢。
>
> 最重要的三个字：理解吧。
>
> 最重要的四个字：你认为呢？
>
> 最重要的五个字：你做得很好。
>
> 最重要的六个字：我想更了解你。

3. 无法欣赏差异

克服自我中心之后，下一步自然就是学会承认并尊重每个人的独特之处。不要试图戴着你的眼镜来看别人，而是要学会欣赏差异。如果某个人有你不具备的天赋，那太好了，你们就能互补。如果某个人来自一个不同的文化，那就拓宽你的视野，从他那儿学些东西。你所学到的不仅能帮助你和他们建立联系，也有益于你与其他的人群建立联系。

一旦你明白个体之间必然存在差异，你会发现，人们对于领导者的领导方式会有不同的反应。肯利公司（Kenley Corporation）前总裁约瑟夫·贝克（Joseph Beck）明白这个道理，他说："不同的人需要不同的激励方式。例如，一个优秀的教练知道何时需要'冲某个球员屁股上踢一脚'。最主要的区别是，所有的球员都需要激励，但只有那么几个需要'在屁股上踢一脚'。"

4. 无法推己及人

对周围发生的事情，我们都会有情绪上的反应。为了增进理解，在与他人交往时，想想如果你处于对方的位置，你会有怎样的情绪反应。在一定条件下，你很清楚自己的所思所想，你的伙伴很可能也会有相同的感受。

关于他人，每个人都需要明白的几件事

要了解他人，关键是知道他们需要什么、想要什么。如果你能理解他们，就能影响他们，对他们的生活起到积极作用。关于这一点，我所知的可以归纳如下：

1. 人人都想成为重要人物

世界上没有人不想成为重要人物。即使是最没有志向，或最谦逊的人，也希望被人高看。

我依然记得，第一次有这样的感觉时，它是如何在我心中掀起波澜的。这要追溯到我小学四年级第一次观看篮球比赛时。我和伙伴们站在体

育场的看台上。我印象最深的不是比赛，而是宣布球员出场的那一刻。所有的灯都关掉了，只打开几束追光。广播员喊出球星的名字，在全场观众的欢呼声中，他们一个接一个跑到球场中央。

那天，我像所有四年级孩子那样，趴在栏杆上梦想着："哇，我也想这样！"球员介绍完之后，我看到了我的朋友博比·威尔逊（Bobby Wilson），我对他说："博比，等我上了高中，他们也会这样喊出我的名字，我会在追光下跑到球场中央。人们会为我欢呼，因为我是个重要人物。"

当天晚上回家后，我对爸爸说："我要当篮球运动员。"不久后，他给我找了个篮球，我们在车库里投篮。我常常铲开车道上的雪来练习罚篮和运球。我在心中种下了成为重要人物的梦想。

有意思的是，这种梦想深深影响了我的生活。六年级时，我参加了校内篮球比赛。我们的队伍赢了几场比赛，因此有机会到俄亥俄州瑟克尔维尔的老磨坊体育场参赛。那里正是我四年级时看篮球赛的地方。我们到了那里，其他人都上场热身了，我没有去，而是坐到两年前那些高中球员坐过的板凳上。我就这样坐在他们曾经坐过的地方。我闭上眼睛（这相当于关上体育场的灯光），想象着听到广播员喊出我的名字，然后我跑到球场中央。

听到自己想象的欢呼声，我感觉好极了，于是想："再来一次！"我又想象了一次。一共三次。突然间，我发现伙伴们都不再打球了，他们看着我，带着难以置信的神情。但我不在乎，因为我离我梦想成为的人更靠近了一步。

人人都希望别人尊敬自己、看重自己。换句话说，人人都希望成为重要人物。一旦你明白了这一点，你就更能理解他人的所作所为。如果你把遇到的每一个人都当成世界上最重要的人对待，你将向他传达一个信息——对你而言，他是一个大人物。

如果你把遇到的每一个人都当成世界上最重要的人对待，

你将向他传达一个信息——对你而言，他是一个大人物。

2. 不要吝啬对他人的关心

当人们知道你关心他们时，对你的感觉就变了。向别人表达你的关心并不总是容易的。你最美好的时光、最愉快的回忆是因为他人，但最困难、最伤心、最悲惨的时刻也是因为他人。他人是你最大的财富和依靠。这其中的挑战在于，无论如何你都要关心他们。

我曾偶然看到一篇颇有见地的短文，名为《领导力的悖论》（*Paradoxical Commandments of Leadership*）：

人们不讲逻辑、不理性、以自我为中心——仍然要爱他们。

如果你做好事，人们会指责你出于个人私心——仍然要做好事。

如果你成功了，你将赢得假朋友和真敌人——仍然要努力成功。

你今天做的好事，也许明天就会被人忘记——仍然要努力做好事。

诚实坦白让你容易受到伤害——仍然要诚实坦白。

有鸿鹄之志的大人物会被小人物的燕雀之言所击败——仍然要有鸿鹄之志。

人们喜欢弱者，却跟着强者走——仍然要为少数弱者而奋斗。

多年经营可能毁于一旦——仍然要去经营。

人们确实需要帮助，但如果你帮助了他们，他们也有可能攻击你——仍然要去帮助他们。

把你最美好的东西交给别人，你可能会受到粗暴对待——仍然把你最美好的东西交给他们。

假如能做到更好，就不能满足于好。

这是对待他人的正确方式。你永远不知道有哪些人会在你的影响之下获得成功，或者是对你的人生产生影响。

3. 人人都需要他人

人是有社会性的，世界上没有自给自足的人。每个人都需要友谊、鼓励和帮助。与他人共同合作所能发挥出的潜力，远非单打独斗所能取得的成就可比。与其他人一起做事会给你带来满足感。独行者们几乎都不快乐。

人人都需要有其他人在身边帮助自己。如果你明白这个道理，你就会乐于奉献、帮助他人，保持正确的动机，别人和你的生活都会得到改变。

4. 如果得到理解和信任，人人都能成为重要人物

一个人一旦得到了别人的理解和信任，他就能成为重要人物。要让别人觉得自己重要，并不需要多大的努力。在适当的时机做一点有心的小事，就能带来巨大的不同。

你有没有曾经尽力做一些事情，让别人感觉到自己是个重要人物？你付出的努力与给人们带来的影响相比，简直微不足道。你认识和遇到的每一个人，在他们的生活中，都有成为重要人物的潜质。他们只是需要你的一点鼓舞和激励，或许就能大展宏图。

5. 帮助一个人，就能影响很多人

你要知道的最后一件事是：只要帮助了一个人，你就影响了其他很多人。你给一个人帮助，会影响到这个人生命中其他相关的人。这种效应可以倍增，它甚至能影响到你自己。只要你从良好的愿望出发帮助别人，你的收获一定会比付出多。如果你让人们感觉到自己的特别，大多数人都会真心感激，并向你表达这种感激之情。

选择理解他人

最后要说的是，拥有理解他人的能力是一种选择。的确，有人天生具有理解他人的能力，知道别人在想什么，有何感受。但即使你没有这样的天赋，也可以改进自己与他人合作的能力。每个人都具备理解、激励，最终影响他人的能力。

2

第二部

建立人际关系的基础

03 怎样才能影响他人

> 在人们还没有证明自己之前，首先相信他们，这是激励其发挥潜能的关键。

人人都喜欢被激励，它能让人们在跌倒时站起来，能让人们在意志消沉时重拾信心。要成为一个激励者，你必须相信人性美好的一面，信任他人。信任是建立和保持所有积极人际关系的基础，尽管它在今天已经成了稀有之物。看看以下关于信任的事实吧：

1. 大多数人不相信自己

不久前，我看到杰夫·麦克内利（Jeff MacNelly）《咻》（*Shoe*）系列漫画中的一集。执拗的报纸编辑"咻"站在棒球场的投球区内，捕手对他说："你必须对你的曲线球有信心。"在下一幅画中，"咻"说道："他说得容易。谈到相信自己，我可是个不可知论者。"

很多人都是如此。他们难以相信自己，他们觉得自己会失败。即使他们看见隧道尽头的光亮，他们也觉得那是一列火车。他们在每一种情境中看到的都是困难。但实际上，人们很少被困难击败，反而常常被缺乏信心击败。只要有一点信心，人们就可能做出不可思议的事情；没有信心的话，日子则会痛苦难熬。

2. 大多数人没有得到别人的信任

在《只为今天》（*Just for Today*）中，詹姆斯·凯勒（James Keller）讲了这样一个故事。一个路边卖花小贩一直没有生意。突然，他想到一个好主意，兴冲冲地贴出一则广告："只要10美分，这朵栀子花就能让你整天都感觉自己很重要。"他的生意立刻好了起来。

在当今社会上，大多数人都会感到孤独。人们越来越缺乏归属感。许多人没有三四十年以前非常普遍的家庭支持。传教士比尔·格拉斯（Bill Glass）曾说："有超过90%的监狱服刑犯在成长过程中，父母曾对他们说'你迟早会进监狱的'。"有些人的父母不是教育孩子相信自己，而是贬低他们。对很多人而言，甚至连最亲近的人也不相信他们，没有一个人站在他们这边。因此，甚至小小的一朵花就能改变一个人的一天，这不足为奇。

3. 当有人相信他们，大多数人都能感觉到

人们有一种本能，可以感知到别人对自己的信任。他们能意识到你的信任是真诚的，还是虚假的。真诚相信别人可以改变他的生活。

在《可能性思维助你前行》（*Move Ahead with Possibility Thinking*）一书中，我的朋友罗伯特·舒勒（Robert Schuller），加利福尼亚水晶大教堂的牧师，讲述了一个改变他一生的故事。当时他还是个小男孩，他的叔叔用语言和行为表达了对他的信任：

> 他的小汽车驶过谷仓，弄得尘土飞扬，然后停在我家门口。我光脚跑过摇摇欲坠的门廊，看见我的叔叔亨利跳出车来。他个

子高高的，非常英俊，活力四射。多年旅居中国之后，他来到我们位于爱荷华州的农场拜访。他跑向破旧的大门，把两只大手放在4岁的我的肩上。他大笑着，摸着我乱蓬蓬的头发，说："啊！你一定是小罗伯特！我想你一定会成为传教士的。"那天晚上，我偷偷祈祷："亲爱的上帝，让我长大后成为一名传教士吧！"

永远记住，在人际交往中，你的目标不只是让人高看你，更重要的是让别人高看他们自己。

4. 大多数人会全力以赴去达成你的期待

你的期望值会影响他人的状态。**如果你对他人持怀疑态度，他们会以平庸来回报你的不信任。但如果你相信他们，期待他们表现优异，他们会竭尽全力来达成你的期望。**在这个过程中，你们双方都将得益。约翰·H.斯波尔丁（John H. Spalding）这样表达他的想法："相信我们能力的人不光是激发了我们，他们还为我们创造了一个更容易取得成功的氛围。"

如何相信他人

我很幸运能够在积极的、肯定性的环境中长大。我会很容易相信他人，并表达这种信任。但我知道，并非人人都有幸在这样的环境中成长。大多数人需要学习如何相信其他人。请尝试采用以下建议，建立对他人的信任感，每一条建议的首字母，都来自英文单词"B-E-L-I-E-V-E"（相信）。

1. 在人们成功之前相信他们（Believe in them before they succeed）

人人都喜欢成功者。人们很容易相信已经证明了自己的人，要相信没有证明过自己的人则难得多。但这是激励人们发挥潜能的关键。在他们尚未成功以前，有时甚至在说服他们相信自己以前，你就要首先相信他们。

生活中有些人拼命想相信自己，但他们却很少怀抱希望。和这样的人交往时，记住法国一战英雄费迪南德·福煦元帅（Ferdinand Foch）的座右铭："没有绝望的境地，只有对自己越来越不抱希望的人。"每个人心中都有伟大的种子，即使他们现在或许还未意识到。但如果你相信他们，你就灌溉了他们心中的种子，给了他们成长的机会。

2. 强化他们的长处（Emphasize their strengths）

许多人错误地认为，要发展人际关系、影响别人，就必须成为"权威"，指出别人的弱点。这些人就像查尔斯·舒尔茨（Charles Schulz）在漫画《花生》（*Peanuts*）中描绘的露西（Lucy）。露西告诉可怜的查理·布朗（Charlie Brown）："你站在球门里了！你滑杆了！你在第18洞打了3杆轻打！你第10局打一个7号和10号球分离……你失误了！你出局了！你明白吗？我说明白了吗？"这可不是一个积极影响他人的好方法！

建立积极人际关系之道刚好相反。向人们表达你的信任并激励他们的最好方法是专注于他们的长处。作家、广告人布鲁斯·巴顿（Bruce Barton）说："除了敢于相信内心的力量能超越环境的限制，没有什么能让人取得辉煌成就。"通过强化人们的长处，你可以帮助他们相信自己具备成功的条件。

在人们还没有证明自己之前，首先相信他们，这是激励其发挥潜能的关键。

无论是在私底下还是在公开场合，都要夸奖别人做得好的地方。告诉他们你多么欣赏他们的优点。如果有机会在他们的家人和朋友面前夸奖他们，那就更不要吝啬自己的赞美之辞。

3. 列举他们过去的成功（List their past successes）

人们也许还需要你进一步的鼓励，以此表示你信任他们，从而激发他们的热情。玫琳凯公司的创立者、企业家玫琳凯女士（Mary Kay Ash）建议："每个人的脖子上都挂着一个无形的牌子，说：'让我感觉到自己的重要性！'同他们一起工作时，千万不要忘记这一点。"要做到这一点，最好的办法就是帮助人们记住他们过去的成功。

大卫（David）和哥利亚（Goliath）的故事就是一个典型例子，说明过去的成功如何让一个人找到自信。你也许记得这个《圣经》中的故事。9英尺高的腓力斯丁勇士哥利亚，在以色列军队阵前，40天来天天嘲笑他们，向他们挑战，要他们派出一名勇士与他对阵。第40天，年轻的牧羊人大卫来到阵前，给以色列军队中的兄长们送食物。大卫亲眼见到巨人轻蔑的嘲笑与挑衅，怒火中烧，向扫罗王（King Saul）请战，要求与巨人对阵。后面的故事是这样的：

扫罗王对大卫说："你不能去与那腓力斯丁人战斗，因为你年纪太轻，而他自幼就是战士。"大卫对扫罗王说："我为父亲放羊，有时狮子或熊从羊群中衔走一只羊羔，我就追赶它，击打它，将羊羔从它口中救出来。它扑向我，我就揪着它的胡子，将它打死。我曾打死过狮子和熊……上帝救我脱离狮子和熊的利爪，也必救我脱离这腓力斯丁人之手。"

大卫回首自己过去的成功，对将来的行动有了自信。当他面对巨人时，只把对方看成一棵树。除了投石器和几块石头，大卫没带其他任何东西。当大卫割下哥利亚的头时，他的成功激励了国人，他们最终击溃了腓力斯丁人的军队。

并非人人天生都有能力在过去的成功中找到自信，有些人需要帮助。如果你不断强调他们过去做得很好，并帮助他们看到过去的胜利为未来的成功铺平了道路，他们就能更好地展开行动。

4. 人们失败时，给他们注入信心（Instill confidence when they fail）

当你鼓励人们，信任他们，他们开始相信自己能够在生活中取得成功，很快，他们就走到了一个关键的十字路口。他们有了一两次失败的经历后——他们肯定会失败的，因为这是生活的一部分——就有了两种选择：放弃或继续。

有些人坚韧不拔，愿意不断尝试以取得成功，即使他们没有看到明显的进展。另一些人并非如此坚定，他们只是碰到一点点挫折的影子就垮了。为了推动、鼓励他们，你必须不断表明你对他们有信心，即使他们犯了错误，或者做得不好。

你可以与他们交流你过去遇到的挫折和伤害。有时，人们以为如果你现在是成功的，那你一定一直都是成功的。他们不知道你曾经经历过摔倒、失败和四处碰壁。要让他们明白，成功是一次旅行、一个过程，不是目的地。当他们知道你曾经失败，却仍努力追求成功，他们就能明白失败没什么大不了，就会保持信心。他们将学会像棒球传奇人物贝布·鲁斯（Babe Ruth）那样思考：**"永远不要让出局的恐惧挡住前路。"**

5. 共同体验胜利（Experience some wins together）

仅仅知道失败是成功道路上必不可少的一部分，还不够。为了能振奋起来，去追求成功，人们必须相信自己能赢。

赢是一种重要的动力。小说家大卫·安布罗斯（David Ambrose）说："如果你有赢的意愿，你就成功了一半；如果你没有，你就失败了一半。"与你的伙伴共同体验一些胜利，给他们相信自己能成功的理由。在这个过程中，他们会找到成功的感觉。

"如果你有赢的意愿，你就成功了一半；如果你没有，你就失败了一半。"

——大卫·安布罗斯

为了帮助人们相信自己最终能赢，要先让他们体验到小小的成功。鼓励他们去做你知道他们能够完成并做得很好的任务，然后给予他们成功所需的协助。随着他们的信心逐渐增加，他们将接受更大的挑战，而因为之前有了良好的成绩，他们便会更有信心和能力去迎接这些挑战。

6. 想象未来的成功（Visualize their future success）

一个用小白鼠做的实验测试了小白鼠在不同环境下的生存动力。科学家把一只小白鼠丢进一坛水中，周围一片黑暗，然后开始计时，直到小动物放弃挣扎，任由自己沉下去。他们发现，小白鼠只坚持了3分钟多一点。

然后，他们把另一只小白鼠丢进同一个坛子，但周围并非一片黑暗，而是留了一束光在上面。在这种情形下，小白鼠游了36个小时，比完全黑暗的条件下多了700倍！因为小白鼠能看到光亮，它就一直抱有希望。

同样的道理也适用于我们人类，毕竟人有着更高的智力。据说一个人在没有食物的情况下能存活40天，在没有水的情况下能存活4天，在没有空气的情况下能存活4分钟，但如果没有希望，则只能存活4秒钟。每次你给别人展示一个远景，给他们勾画出未来成功的画面，你就增强了他们的信心，给了他们继续前行的理由。

7. 期待生活的新境界（Expect a new level of living）

德国政治家康拉德·阿登纳（Konrad Adenauer）说："我们生活在同一片天空下，但看到的不是同一个地平线。"要以帮助别人超越今时今地的视野、做伟大的梦为目标。当你给予别人信任，你就帮助他们扩展了自己的地平线，激励他们奔向生活的全新境界。

给予别人信任要冒一定的风险，但回报超过了风险。罗伯特·路易斯·史蒂文森（Robert Louis Stevenson）说："做我们本应该做的人，成为我们能够成为的人，是生活的唯一目标。"当你相信他人，你就是在帮助他们发挥潜能，成为他们能够成为的人。你成为他们生命中的关键人物，而他们对你而言也是如此。

04 怎样与人建立关系

永远记住，感性先于理性起作用。

我喜欢与人沟通，这是我生活中最大的热情之一。几十年来一直从事职业演讲，我一直在这个领域寻找继续提升的方法。

做听众最好的朋友

你一定听说过伊丽莎白·多尔（Elizabeth Dole）。她是职业律师，里根和老布什政府的内阁成员，也是美国红十字会主席。她有着不可思议的沟通能力。她最大的天赋，就是令全场听众都感觉到她是一位真正的朋友。在一次活动中，我和现场听众亲身感受到这一点。她让我庆幸自己待在那儿。这其中的关键在于，她懂得如何与人建立共鸣。

在1996年的共和党全国大会上，她向全国人民证明了自己的这种能力。如果你看了当时的电视，就能明白我的意思。当晚，伊丽莎白·多尔走向听众，与他们建立了不可思议的共鸣。尽管我是坐在客厅里看电视的，但也感受到了这种共鸣。当她一讲完，我感觉我愿意跟随她去任何地方。

鲍伯没有建立共鸣

在同一个大会上，伊丽莎白的丈夫鲍伯·多尔（Bob Dole）也发表了讲话，因为他被提名为共和党总统候选人之一。任何看过大会的人都能感觉到两位演讲者沟通能力的显著差异。伊丽莎白令人感到温暖、与人亲近，鲍伯则不苟言笑、孤僻离群。整个竞选过程中，他似乎从未与人们建立过共鸣。

在美国总统选举中有很多因素发挥作用，其中一个关键的因素就是候选人与听众建立共鸣的能力。关于1960年肯尼迪与尼克松的辩论，已经很多人写过了。约翰·肯尼迪成功的一个重要原因是，他能让电视观众与他建立共鸣。同样的共鸣也存在于罗纳德·里根与他的听众之间。1992年的总统竞选中，比尔·克林顿极其努力地培养与美国人民之间的共鸣感，为此，他甚至在脱口秀节目《阿尔塞尼奥大厅》（*Arsenio*）中露面，并演奏了萨克斯。

我们不能否认鲍伯·多尔的优秀，但也必须承认他根本没有与人建立关系。具有讽刺意味的是，在总统候选人竞选结束后，他出现在《周六夜视场》（*Saturdag Night Live*）节目中，这个节目在整个竞选期间一直取笑他，暗示他没有幽默感、不与人接触。但在这个节目中，多尔给人以放松、随和的印象，也能拿自己开玩笑。他最终还是和人们建立了共鸣。

首先打动人心

在要求别人助你一臂之力前，先打动他们的心。所有善于沟通的人都明白这个道理。只有先打动人心，才能推动其行为。感性先于理性起作用。

弗雷德里克·道格拉斯（Frederick Douglass）是19世纪杰出的演说家和非裔领袖，他的演说总能打动人心。历史学家勒戎·贝内特（Lerone Bennett）这样描述："他能让人们去嘲笑一个鼓吹基督徒服从义务的奴隶主；他能让人们感受到被奴隶主强奸的黑人女仆的屈辱；他能让人们听见与自己孩子分离的母亲的哀号。通过他，人们可以呼喊、诅咒、感受；通过他，人们像是真切地活在奴隶的世界里。"

只有先打动人心，才能推动其行为。感性先于理性起作用。

1. 建立一对一的关系

与人建立关系不只是与一群人沟通，也需要一对一地建立关系。个人之间的关系越紧密，对涉及其中的人就越有利，跟随者也更愿意帮助领导者。多年以来，这是我传授给下属最重要的经验。当你与人们建立关系，表明你确实愿意帮助他们，你就培养了与他们的信任关系。

2. 与每一个人建立关系

在与别人建立关系时，你必须认识到，即使你面对的是一群人，你也必须把人们当成个体看待。诺曼·施瓦茨科夫将军（Norman Schwarzkopf）说："能干的领导者站在一个排面前，他们看到的就是一个排。但伟大的领导者站在一个排面前，看到的却是44个人，每个人都有抱负，每个人都想好好生活，每个人都想好好工作。"

3. 给每个人都打10分

你能给别人带来的最大帮助是，期望他们做到最好。我把它叫作"给每个人都打10分"。它帮助人们建立信心，同时，也对你有帮助。雅克·威索（Jacques Wiesel）说："对100名靠自我奋斗而成功的百万富翁的调查表明，他们之间有一个共同点——只看到别人的优点。"

英国政治家本杰明·迪斯雷利（Benjamin Disraeli）理解并实践这一观念，这是他拥有人格魅力的秘诀之一。他说："你能对别人做的最好的事情，不光是分享你的财富，也要帮助展示他们自己内心的财富。"如果你懂得欣赏别人，鼓励他们，帮助他们发挥潜能，他们将与你建立起亲密关系。

危急时刻的定心丸

永远不要低估建立人际关系的力量。优秀的军事指挥官都明白如何与人建立关系。我读到的一篇文章说，一战期间，法国在发起一次冲锋之前，道格拉斯·麦克阿瑟（Douglas MacArthur）将军告诉一位营长："少校，当信号弹越过山顶时，我要你第一个冲出去。如果你在部下前面冲出去，他们就会跟上。"然后，麦克阿瑟从自己的制服上取下"十字勋章"，别在营长的军装上。在要求营长展示其英雄气概之前，将军就已经先奖励了他。结果就是，这位营长带领他的部下，成功越过山顶，拿下了目标。

在工作中建立关系的重要性

如果领导者与下属之间成功建立了关系，你会看到这种关系如何在组织中发挥作用：员工们有着惊人的忠诚度和热情的工作态度。领导者的抱负成为下属的追求，这种影响是令人难以置信的。

你也可以看到，这种重要性可以以其他形式表现出来。1994年的"老板节"，一个令人印象深刻的整版广告出现在《今日美国》（*USA Today*）上。这个广告由美国西南航空公司的员工付费，是他们对公司CEO赫伯·凯莱赫（Herb Kelleher）的致辞：

> 亲爱的赫伯先生，谢谢你！
> 谢谢你记住我们每一个人的名字；
> 谢谢你在感恩节帮我们装卸行李；
> 谢谢你给我们每一个人的吻；
> 谢谢你聆听我们的声音；
> 谢谢你创造了美国最赚钱的大型航空公司；
> 谢谢你在周年聚会上为我们演唱；
> 谢谢你每年一次的歌声；
> 谢谢你允许我们穿短裤上班；
> 谢谢你在慈善晚会上打的那一杆高尔夫球；
> 谢谢你把那个报社记者的威风打下去；
> 谢谢你开那辆哈雷摩托车去公司总部上班；
> 谢谢你成为我们的朋友，而不仅仅是老板。
> 你的16000名员工祝你："老板节"快乐！

只有领导者十分努力地经营与下属之间的关系时，才有可能收获如此的深情厚谊。

永远不要低估建立你与他人关系之桥梁的重要性。老话说："**要带领自己，用你的脑；要带领别人，用你的心。**"在要求别人帮忙之前，要先打动他们的心。

05 怎样成为更好的聆听者

> 面对一个人时，要把他当成世界上最重要的人。

埃德加·沃森·豪（Edgar Watson Howe）曾开玩笑说："如果人们知道下一个轮不到他说话，他就绝不会听你说话。"这就是很多人的沟通方式：他们太急于等候自己说话，根本没有认真听别人说。但成功人士知道，成为一个优秀的聆听者是何其重要。

巧妙聆听的能力是建立积极人际关系的基础。当林登·B.约翰逊（Lyndon B. Johnson）还是得克萨斯州一个资历尚浅的参议员时，他办公室的墙上有这样一句话："**如果你除了说还是说，那你什么也学不到。**"美国第28任总统伍德罗·威尔逊（Woodrow Wilson）说："**领导者的耳朵里必须充满人民的声音。**"

为什么要聆听

1. 聆听表示尊重

人们在交往中常犯的一个错误是急于表达自己。他们力图让自己表现得聪明、睿智或有趣。但如果你想与他人建立关系，就必须乐于专心听别人讲话。记住，要表现出被打动、对他人感兴趣，而不是打动他人、令他人感兴趣。诗人、哲学家拉尔夫·瓦尔多·爱默生（Ralph Waldo Emerson）承认："从某种意义上说，我遇到的每一个人都比我更优秀，我都能从他们身上学到东西。"记住这句话，学会聆听，沟通之门会随之打开。

2. 聆听建立关系

《人性的弱点》（*How to Win Friends and Influence People*）作者戴尔·卡内基（Dale Carnegie）建议："你通过做一个好的聆听者在两个星期内交到的朋友，将比你用两年时间让人对你感兴趣而交到的朋友更多。"他认为，一个人如果只关心自己，总是谈论自己，只说自己感兴趣的东西，是很难和别人建立牢固的关系的。《大思想的神奇》（*The Magic of Thinking Big*）的作者大卫·舒尔茨（David Schwartz）写道："**大人物专注于聆听；小人物专注于说话。**"

成为更好的聆听者，你可以与他人建立更高水平的联系，发展更牢固、更深入的人际关系，因为你满足了他们的需要。作家C.尼尔·斯特雷特（C. Neil Strait）指出："人人都需要感觉到确实有人在聆听自己。"一旦成为别人重要的聆听者，你就帮助了他们。

3. 聆听增长知识

威尔逊·迈兹纳（Wilson Mizner）说："好的聆听者不仅处处受欢迎，他们也会学到不少知识。"当你决心好好聆听别人时，你对朋友、家庭、工作和你自己的认识将会更加深入，但并非人人都能认识到这种好处。我曾听说过一个故事。某位职业网球教练给一名新球员上课，看他打了几下之后，教练让这名新手停下来，对如何改进击球提了几点建议。但每次他一说话，学生就打断他，提出不同意见，说他会如何如何。几次被打断之后，教练开始点头同意。

课程结束后，一直在旁边看着的某位女士问教练："你为什么同意那个傲慢家伙的愚蠢建议？"

教练微笑着回答："试图向只想买'回音'的人兜售正确答案，是浪费时间。"

小心，不要把自己置于自认为无所不知的境地。一旦这样，你就有危险了。当你认为自己是专家，你就几乎不可能继续学到任何东西。所有好的学习者都是好的聆听者。

当一个人获得更多权威以后，普遍会出现这样的问题：他们聆听得越来越少，尤其是对下级的话。确实，地位越高，你越不需要听别人的，但同时，你越需要更好的聆听技巧。你离工作前线越远，越依赖从别人那里得到可靠信息。只有培养良好的聆听技巧，你才能收集到更多成功所需的信息。

当你越来越成功，不要以为自己不再需要成长和进步。记住，**遮住耳朵也就遮住了心智**。

4. 聆听产生创意

好公司都以善于听取员工意见而著称。旗下拥有 Chili's、On the Border、Romano's Macaroni Grill 等连锁餐厅的布林克国际有限公司（Brinker International），曾被《饭店与餐饮业》（*Restaurants and Institutions*）杂志评为美国经营得最好的餐饮连锁企业。在这家公司的菜单里，80%的菜式来源于区域经理的建议。

同样，这对个人也有好处。只要你坚持聆听，就不会缺乏创意。人们会乐于贡献自己的力量，尤其是当领导者愿意与他们分享荣誉的时候。如果你给人们分享思想的机会，并以开放的心态聆听，新想法就会源源不断。虽然一些想法并不可行，但聆听很可能会碰撞出创意的火花。除非你愿意聆听，否则很可能与价值连城的创意失之交臂。

5. 聆听建立忠诚

无论何时，只要你的员工、伴侣、同事、孩子发现没有人聆听，他们就会去寻找愿意聆听的人。有时，这会导致灾难性后果：友谊终结、工作中没有威信、父母影响力减弱，甚至婚姻破裂。

相反，如果你善于聆听，就会把人们吸引到你身边来。大家都喜欢好的聆听者。如果你能坚持这样的习惯，尊重他人和他们的贡献，他们自然会忠实于你，哪怕你的权威是非官方或者非正式的。

6. 聆听利人利己

罗杰·G.英霍夫（Roger G. Imhoff）说："让别人和你说心里话。这可能对你没有帮助，但能帮助他们。"乍一看，聆听别人似乎只对他人有好处。但当你成为一个好的聆听者时，你同样能帮助到自己。你可以培养牢固的人际关系，收集有价值的信息，并且增加你对自己和他人的理解。

如何聆听

要成为好的聆听者，你必须愿意聆听，但同时也需要技巧。以下是我的建议：

1. 看着讲话者

聆听过程始于你对他人的注意。当你与某个人沟通时，不要忙着赶工作、整理文件、洗碗或者看电视。拿出时间来专注于对方。如果你当时没有时间，那就重新安排另一个沟通时间。

2. 不要打断别人讲话

大多数人讲话被打断时，都不会好受，他们会觉得不被尊重。《聆听让你更轻松》（*Listening Made Easy*）的作者罗伯特·L.蒙哥马利（Robert L. Montgomery）说："**打断别人的思想，就像踩踏他们的脚尖一样粗鲁。**"

人们之所以打断别人讲话，通常是因为以下几个原因：

- 他们不重视别人说的话。
- 他们想表现自己有多么聪明、反应有多快。
- 他们交谈过于兴奋，忘记要让对方把话说完。

如果你有打断别人讲话的习惯，对照以上三点检查一下原因，然后下决心做出改变。给别人时间，让他们表达自己想表达的东西。同时，沉默也让你有更多时间思考谈话内容，以便合适地应答。

3. 专注于理解

你是否注意到，人们会以多快的速度忘记刚刚听到的内容？很多研究机构的研究表明，大多数人在听到一件事情之后，只能回忆起大约50%的内容。随着时间的推移，他们的记忆会持续减弱。第二天，他们最多只能记住25%的内容。

避免这种现象的办法之一就是专注于理解，而不仅仅是记住事实。律师、演说家和作家赫伯·科恩（Herb Cohen）强调说："有效聆听不只是听到一个个的词，还要求你理解其意义。毕竟，意义不在于词语，而是在于人。"

4. 确定对方的需要

许多男人和女人争吵，原因只是在沟通时目标不一致。他们忘记在沟通时要留意对方的需要。男人通常希望"修理问题"，他们需要的是解决方案；而女人更倾向于只是简单地说出问题，和别人分享自己的想法，她们既不要求，也不希望得到解决方案。只要你确定了对方当时的需要，你就能把他们所说的话放在恰当的情景中去解读，你也就能更好地理解他们。

5. 注意你的情绪

大多数人在和别人交往或面对某种情况时，都会带着某种情绪。弗洛伊德说："牙疼的人不可能恋爱。"意思是，牙疼的人除了自己的疼痛，什么也不关心。同样，当人们磨斧头时，一切其他声音都会湮没在斧头的摩擦声中。

无论何时，只要你听别人讲话时产生了情绪，马上检讨一下自己，尤其当你的反应可能超出当时情况允许的程度时。你不应该让一个无辜者成为自己的出气筒。即使你的反应不是因为过去的经历，而是因为当下的问题，在你提出自己的观点和想法之前，也要让别人先说完。

6. 不要马上下结论

你是否不等对方把话讲完就做出回应？一个好的聆听者不会草率地下结论。当你和别人谈话时，先听完对方的叙述，然后再做出回应。否则，你很可能会错过他们想对你说的最重要的事情。

7. 在谈话的间歇小结一下

专家一致认为，最有效的聆听是积极的聆听。约翰·H. 梅尔沁格（John H. Melchinger）建议说："对你所听到的发表意见，并针对不同的谈话对象，用个人化、区别化的方式表达出来。比如，你可以说：'谢里尔，这对你显然非常重要。'这样有助于你保持专注。不要只是说'这很有意思'。如果你掌握了这个技巧，讲话者会知道你一直在聆听，他们就可能会提供进一步的信息。"

积极聆听的技巧之一是在谈话的间歇小结一下对方的谈话。当谈话者讲完一个主题，你要复述对方的主要观点，然后再听下一个主题。这样能证实你已经正确领会了对方的意思，对方会因此更有信心，你也会继续专注于他要传达的信息。

8. 提出问题，请求澄清

你或许也注意到了，顶尖的记者也是优秀的聆听者。以巴巴拉·沃尔特斯（Barbara Walters）为例，她总是看着讲话者，专注于理解，不急于下结论，并且适时总结对方说过的话。人们信任她，愿意告诉她任何事情。但她还有另一个技巧，帮助她收集更多信息，增加她对采访对象的理解——她会提出合适的问题。

如果你想成为高效的聆听者，就要成为一个好的采访者：不是那种把话筒举到别人面前、叽叽喳喳问个不停的记者，而是步步深入、有礼貌地提出问题，让别人把事情说清楚的采访者。如果你让人们看到你是多么关心他们，并以温和的方式提出问题，他们愿意与你分享的东西会超出你的想象。

如果你让人们看到你是多么关心他们，并以温和的方式提出问题，他们愿意与你分享的东西会超出你的想象。

9. 总是把聆听放在首位

最后需要牢记的一点是，总是把聆听放在首位。无论你多么忙，无论你在组织中达到多高的级别，都要如此。沃尔玛的创始人山姆·沃顿（Sam Walton）是一位总是给聆听留出时间的忙碌的总裁，他是美国最富有的人之一。他坚持聆听人们想说的话，尤其是自己的员工。有一次，他要坐飞机去得克萨斯州的普莱森特山，但他让飞行员在100英里（约160千米）之外等他，然后他上了一辆沃尔玛的卡车，和司机一路聊到那里。

许多人以为聆听能力是天生就有的。还有许多人以为聆听很容易，他们觉得自己就是好的聆听者。但大多数人其实只是听见，很少有人真正聆听。然而，要成为好的聆听者永远不晚。聆听能改变你生命中其他人的生活，也能改变你自己的生活。

3

第三部

人际关系的成长

06 怎样与他人建立信任关系

当你言行一致时，人们就知道你值得信赖。

在《高效能人士的七个习惯》（*The Seven Habits of Highly Effective People*）一书中，史蒂芬·柯维（Stephen Covey）写到诚信对一个人成功的重要性：

如果我利用影响他人的策略和技巧，让别人做我希望的事情，让他们更好地工作、士气更高、喜欢我并互相喜欢，但我的品格有根本缺陷，只是用表里不一和口是心非来遮掩，那么，长期来说，我是不会成功的。我的表里不一会造成不信任感，无论我做什么——即使运用了所谓优秀的人际关系技巧——都会被认为是在操纵别人。

再好的花言巧语、再真心的意图也是没有用的。缺乏信任，就缺乏长久成功所需的牢固基础。只有基本的诚信善良之心，才能让技巧获得生命。

诚信对商业成功和个人成功都至关重要。一项由加州大学洛杉矶分校管理学院和纽约光辉国际公司（Korn/Ferry International of New York City）共同进行的研究调查了1300名高级经理，其中71%的人说，诚信是取得商业成功最必要的品质。另外一项研究发现，一个想爬到组织高层的人，尽管可以克服许多困难，但只要他在诚信方面打折扣，就难以得到提升。

诚信体现在小事中

诚信对建立人际关系至关重要，这是许多成功所需的品质如尊重、尊严和信任等得以建立的基础。如果诚信的基础脆弱，或者存在根本缺陷，成功就是不可能的。我的朋友、作家谢里尔·贝赫尔（Cheryl Biehl）指出："生活中的一个现实是，如果你不能在所有方面相信某个人，你就无法在任何方面相信他。"即使有人能暂时地掩盖诚信缺陷，最后他们还是会失败，人际关系也会遭遇困境。

注意在小事上保持诚信是至关重要的。许多人做不到一点，他们认为小事就可以随随便便，只要没有大疏漏，事情就不会错。但道德原则是毫无灵活性可言的。一个非恶意的小谎言也是谎言；窃贼就是窃贼，无论偷1美元、1000美元，还是100万美元。诚信要遵循的原则是：**义胜于利、人胜于物、服务胜于权力、原则胜于方便、长远胜于当下。**

19世纪的教士菲利普斯·布鲁克斯（Philips Brooks）认为："品格形成于生命的小瞬间。"只要你打破道德原则，你的诚信基础就会出现一条裂缝。当艰难时刻来临，诚信会变得更困难，而不是更容易。品格不是在危机中创造出来的，它只是在危机中被暴露出来。当面临压力时，你过去的所作所为，包括过去忽略的事情，都会显露出来。

培养和保持诚信是持久的行为。自动数据处理服务公司（Automatic Data Processing，Inc.）原主席和CEO乔希·韦斯顿（Josh Weston）说："我总是按照这个简单的规则生活：不要做任何你在报纸上读到的让自己不舒服的事情。"这是我们所有人都应该坚持的标准。

诚信关乎内心

许多人之所以在诚信问题上遇到麻烦，一个重要的原因是他们总是从自身之外寻找品格缺失的原因。诚信的培养是关乎内心的事情。以下是三个关于诚信的事实：

1. 诚信不是由环境决定的

的确，我们的生长环境影响着我们，尤其是在我们年幼的时候。但年龄越大，我们就会做出越来越多的选择，无论是好的还是坏的。两个人在相同环境中成长，甚至在同一屋檐下长大，但可能其中一个有诚信，另一个则没有。环境对你的品格的反映，就如镜子对你的外表的反映一样：你看到的只是表象。

2. 诚信不是来自"资格证书"

在古代，制砖人、雕刻工和一些工匠会在他们的作品上刻记号。每个人使用的记号，就是他的"印鉴"。他们作品的价值与其制作技巧成正比。只有作品质量高，印鉴才能得到尊重。换言之，个人和作品的品质决定了他的"资格证书"的价值。如果作品是好的，那么印鉴也是好的；如果作品不好，印鉴也不值钱。

今天也同样如此。品格来源于我们自身。有些人喜欢根据自己的头衔和地位等这些与品格毫不相关的东西来评判自己。他们渴望通过自己的"资格证书"来影响别人，而不是通过自己品格的分量。但品格能够做到的事情，"资格证书"永远无法做到。请看二者的区别：

"资格证书"	品　格
● 易逝	● 长久
● 核心在于权利	● 核心在于责任
● 只提升一个人的价值	● 提升许多人的价值
● 关乎过去的成就	● 为将来建立遗产
● 经常引起他人的忌妒	● 产生尊重和信任
● 只能让你进门	● 能让你留在那儿

就对他人的影响力而言，无论多少头衔、学历、官阶、称号、奖励、证书等，都无法取代诚信。

3. 诚信与名声截然不同

诚然，好的名声是有价值的。古代以色列所罗门王（King Solomon）曾经说过："美名胜过财富。"但好的名声归根结底还是个人品格的反映。如果说名声像金子，那么拥有诚信就像拥有了一座金矿。少担心别人对你怎么想，多注意你自己的内在品格。D. L. 穆迪（D. L.Moody）写道："我只要管好我的品格，名声自然会管好它自己。"

> 如果说名声像金子，那么拥有诚信就像拥有了一座金矿。

如果你为保持诚信而费尽心力，做足了表面功夫，但仍然得到不好的结果，那么肯定是你的品格出了问题，你需要从内心做出改变。看看下面列出的问题，它们将帮助你明确需要注意的地方。

- 在毫无所得的情况下，我如何待人？

- 我对别人坦率吗？

- 我是否在不同的人面前扮演不同的角色？

- 我在众目之下和独处时，是否是同一面目？

- 我能否在没有外界压力的情况下主动承认错误？

- 我是否先人后己？

- 我是根据一以贯之的标准来做出道德决定，还是根据具体情况来做出道德决定？

- 面对一些会让我付出个人代价的决定，我是否能当机立断？

- 我是喜欢与人当面谈事情，还是喜欢在背后议论？

- 我是否为我所想、所说、所做的事情向至少一个人负责？

不要太草率地回答这些问题。如果品格历练是你生命中一个严肃的领域，你可能需要先浏览这些问题，就你期望中的自己，而不是现在的自己来给出回答。花点时间思索这些问题，回答之前仔细考虑。然后，在你遇到最多麻烦的地方努力改进。

诚信是你最好的朋友

诚信是你最好的朋友，它永远不会背叛你，不会令你妥协。当你遇到走捷径的诱惑，它帮助你留在正轨上；当你遭遇他人的不公正批评，它帮助你坚持前行，不予回击；当其他人的批评有道理时，它帮助你接受批评，从中学习，继续成长。

亚伯拉罕·林肯曾说过："当我离开这个位置的时候，我希望有一个朋友还在我身边。这个朋友在我的内心深处。"可以说，当林肯在位时，他最好的朋友就是他自己的诚信，因为他受到了太多的攻击。在下面一段文字中，唐纳德·T.菲利普斯（Donald T.Phillips）描述了林肯当时面对的情况：

> 在占据国家最高职位的人当中，亚伯拉罕·林肯是受到中伤、诽谤和憎恨最多的……他被当时的媒体公开冠之以我们所能想象到的各种恶意的称呼，包括滑稽的乡下佬、第三流的乡村律师、曾经分裂了铁路现在又分裂国家的人、粗鄙无耻者、小丑、类人猿等。《伊利诺斯州志》（*Illinois State Register*）给他贴的标签是：最狡诈、最伪善的玷污政府公职的政客。直到林肯宣誓就职，尖刻的、不公正的批评也未停止，不只是来自南方的支持者，也来自联邦内部，来自国会，来自共和党内部的某些派系，而且还来自他自己的内阁。作为总统，林肯明白，无论他做什么，都会有人不高兴。

自始至终，林肯都是一个有原则的人。正如托马斯·杰斐逊（Thomas Jefferson）睿智地指出："仁慈的上帝把有原则的人赐给我们做领袖。"

诚信是你朋友的最好的朋友

诚信是你最好的朋友，也是你朋友的最好的朋友。当你周围的人知道你有诚信，他们就知道，你之所以试图影响他们，是因为可以提升他们的生命价值。他们不用担心你的动机。

如果你是一个篮球迷，你可能还记得雷德·奥尔巴赫（Red Auerbach）。他在1967—1987年间担任波士顿凯尔特人队的总裁和总经理。他深知诚信如何提升人们的价值，尤其是在团队中。他有一套与其他NBA球队领导者不同的招募办法。当他评估一个凯尔特人队未来球员时，首先关注的是这个年轻人的品格。当别人几乎都在关心统计数据、个人成绩的时候，奥尔巴赫关心的却是球员的态度。他指出，取胜之道在于找到为球队利益尽全力去拼搏的球员。一个有着出众能力但品格不好，或者只想着炒作自己的球员，并不是好的选择。

有人说，只有你曾经看到一个人如何与孩子沟通、如何处理漏气的轮胎，以及老板不在、无人知晓的情况下如何行事，才能真正了解他。但有诚信的人根本不关心这些，无论他们在哪里、和谁在一起、身处何种境况，他们都能坚守自己的原则。

成为有诚信的人

你可以改变行动以适应原则，也可以改变原则以适应行动。这是你必须做出的选择。如果你想成功，最好选择诚信之路，因为所有其他道路最后都会导致毁灭。

要成为一个有诚信的人，你需要回到基本点。你也许必须做出艰难的抉择，但这是值得的。

1. 向自己承诺要诚实、可靠和可信

诚信始于一个具体的、有意识的选择。如果你等到危急时刻才想到诚信，那等待你的只有失败。今天开始就选择遵循严格的道德原则，以它为生命所依，无论如何都坚守不移。

2. 提醒自己不能被金钱收买

乔治·华盛顿总统认识到："很少有人能经得住大价钱的诱惑。"有些人被收买，是因为他们在金钱问题上没有提前给自己打好预防针。下定决

心，无论如何都不要在诚信问题上做出让步，无论对方用什么来诱惑你都是如此。

3. 在做想做的事情之前，先做应当做的事情

诚信的重要内容是坚守你的职责。我的朋友金克拉（Zig Ziglar）说："在你应当做的时候，做你应当做的事情，那么，到了某个时候，你就可以在你想做的时候，做你想做的事情。"心理学家和哲学家威廉·詹姆斯（William James）更强烈地表达了这种观点："每人每天要至少做两件自己讨厌但却是应该做的事情，哪怕只是为了练习。"

有了诚信，你就能体验到自由。你不容易被怀疑、欺骗以及其他负面的品格所俘获，你还可以更自由地影响他人、提升他人的价值。你的诚信为你的持续成功打开了大门。

如果你坚持表里如一，就能收获别人的信任。你是品格和毅力的典范，其他人不仅羡慕你，还希望效仿你。你为建立积极的人际关系打下了良好的基础。

07 最重要的人际关系是什么

> 只要处理好家庭关系，其他人际关系就都变得简单了。

美国劳工部的数据显示，美国家庭破裂的比例在主要工业化国家中是最高的，单亲母亲的家庭比例也处于领先地位。美国离婚法律也是最宽松的，人们对这些法律的随意运用令人担心。对有些人而言，婚姻和家庭的不和谐是追求成功的过程中可以接受的损失。

但更多的人现在认识到，以破碎的家庭为代价来换取幸福的希望，只是一种幻想。你不可能在放弃婚姻、忽视孩子的同时，还能取得成功。建立并维持牢固的家庭关系，在各个方面都对我们有益，包括事业的成功。家庭生活专家尼克·斯廷纳特（Nick Stinnet）十多年前就宣称："**如果你有健康的家庭生活，就会接收到这样的信息：你被爱、被关心并且很重要。爱、关怀、尊重等正面信息的纳入，使你具备了走向成功的内在资源。**"

工作是为了家人

在我和妻子玛格丽特（Margaret）结婚之初，我的职业决定了我有很多机会四处旅行。我们决定，只要我有机会去某些有趣的地方，或者参加有意思的活动，她就和我一起去，即使手头不宽裕的时候也如此。多年以来，我们一直遵守承诺。

玛格丽特和我，还有我们的孩子伊丽莎白（Elizabeth）和乔·波特（Joel Porter），曾经去过欧洲各国首都、南美丛林、拥挤的韩国城市、澳洲的沙漠，还去过南非的动物世界。我们遇到各种肤色、种族的人民，看到不同民族文化的纷繁多样。这种幸福感是无可取代的。赢得世界而失去家庭，这于我又有何意义呢？

我很清楚，如果没有玛格丽特，我将无法体验到任何程度的成功。但我对她和孩子们的珍惜，并非来自她们带给我的东西，而是来自她们对我的意义。当我走到生命尽头，我不希望玛格丽特、伊丽莎白和乔·波特说我是一个优秀作家、演说家、牧师或领导者，我希望孩子们认为我是一个好父亲，玛格丽特认为我是一个好丈夫。这是最重要的。这是真正成功的标准。

赢得世界而失去家庭，这于我又有何意义呢？

建立美满的家庭

和谐的婚姻和美满的家庭是需要经营的。R. C. 亚当斯（R. C. Adams）博士用十多年时间研究了几千宗婚姻，发现只有17%的婚姻称得上真正的幸福。华盛顿特区婚姻与家庭关系协会（Institute of Marriage and Family Relations in Washington D. C.）前主任贾里·布罗斯（Jarle Brors）说："我们最终发现，我们必须返璞归真，重新建立起安全的、孩子能在其中健康成长的家庭港湾。"如果我们想要稳固的家庭和健康的婚姻，就必须为此努力。

如果你有家庭，或者准备将来建立一个家庭，那就考虑一下我的建议吧。我相信，它们能帮助你稳固你的家庭。

1. 互相欣赏

有一次，我听一个人开玩笑说，家庭就是当一个人厌倦了对别人装笑脸才去的地方。不幸的是，很多家庭就是如此。一个推销员为了卖出产品，整天以热情和亲切的态度对待客户，哪怕常常被拒绝，但一回到家，他就对妻子无礼粗暴；一个医生整天悉心照顾、安慰病人，但当她筋疲力尽回到家后，却对孩子大发雷霆。

要建立一个稳固的家庭，你必须让家成为一个互相支持的环境。心理学家威廉·詹姆斯说："每一个人从摇篮到坟墓，都渴望得到欣赏。"被欣赏的感觉最能激发一个人的潜力。当一个家庭拥有了互相欣赏的氛围，伴以认同、爱和鼓励，家庭成员就越来越契合，家就变成了大家的避风港湾。

某个家庭成员说了一句不好的话，就需要四句好话来弥补伤害。由此可见，专注于每个人性格中积极的一面，口头或者非口头表达相互间无条件的爱，是多么重要。这样，家里才能有一个健康的氛围。

2. 调整你的生活节奏，抽时间和家人在一起

据说，很多美国家庭已经变成了立交桥，大家在路上各走各的，去不同的地方，参加不同的活动。这是现实。当我还是孩子的时候，我花很多时间和父母、兄弟姐妹在一起。我们全家经常一起驾车度假。作为父母，我们很难重现这种传统了。我们能很好地做计划，一起度假，但有时却只能艰难地挤出时间才能聚在一起。比如，当孩子们还小的时候，我总想早晨开车送他们到学校，这样就能和他们待一会儿。但随着我越来越忙，我发现要有时间待在一起，必须仔细计划才行。

每个月我都会花几个小时检查我的行程表，计算我还要备多少课，思考还要完成什么计划，等等。这时，我要对一个月的工作做出安排。在某个日期上标明要做的工作之前，我会先写下重要的家庭日。我会为生日、周年纪念日、棒球赛、戏剧表演、毕业典礼、音乐会和浪漫晚餐留出时间。我也会把和玛格丽特以及和每个孩子单独相处的时间计划出来，来加强我们的关系。把这些计划完之后，我才会在行程表上做工作计划。这个习惯我已经保持很多年了，这是我阻止工作把家庭挤出时间表的唯一方法。如果我没能有策略地调整我的生活节奏，以便抽时间和家人在一起，我的家庭生活可能就是另一番面貌了。

3. 积极地处理问题

每个家庭都经历过困难，但并非所有家庭都以同样的方式应对。很少有时间聚在一起的家庭很难避免破裂的结局。我注意到，某些追求事业成功的人似乎在逃避家庭。我怀疑其中一个重要的原因是他们不能很好地处理家庭危机，觉得逃避问题更容易。但这并非解决问题之道。

《心灵地图》（*The Road Less Traveled*）一书的作者斯科特·佩克（Scott Peck）对问题和处理问题的方法有着独到的见解：

正是在遭遇并解决问题的过程中，生命才有了意义。问题是区别成功与失败的界限。问题激发我们的勇气与智慧。只有问题才让我们的心智和精神得以成长……正是因为克服了面对和处理问题时的痛苦，我们才有所收获。正如本杰明·富兰克林所说："刺痛，才能启发。"

如果我们愿意与家庭一起成长，期望在家庭和生活其他领域中同样成功，就得学会解决问题。以下是一些在处理问题的过程中对你有帮助的策略：

- 就事论事，而不是针对某个人。家庭成员要互相支持。记住，你们在同一立场上。不要把你的负面情绪发泄在家人身上，而是要就事论事处理问题。
- 以事实为依据。在危机中，最容易导致伤害的就是直接得出错误结论。不要浪费感情和能量去追逐一个错误的目标。在找到解决方案之前，确保你已详细了解了当时的情况。
- 列出所有选择。这听起来似乎没有必要，但这的确能帮助你客观看待某些感情问题。如果在工作中有了问题，你也许乐意采用这一流程。给家庭问题留出足够多的时间和精力，至少与你处理工作问题所花的时间和精力一样。
- 寻找最佳解决方案。在你着手于处理问题时，记住，人永远是第一位的。按照这个原则做出你的选择。
- 在问题中寻找积极因素。正如斯科特·佩克所言，问题给了我们成长的机会。无论当下的情况看起来多么糟糕，也一定有它积极的一面。

● 不要吝啬爱的表达。无论情况多糟糕，或者你有多生气，永远不要对家人隐藏你的爱。告诉他们你的感受，承认问题的存在，但一定要继续无条件地爱自己的家人。

最后一条是最重要的。当你能感受到来自家人的爱与支持，你就能经受住任何困难的考验，也能够真正地享受成功。

4. 不断地沟通

《达拉斯晨报》（*Dallas Morning News*）中的一篇文章指出，结婚10年以上的夫妻每周平均只有37分钟的有意义沟通。这真是令人难以置信！相比之下，美国人每天看电视的时间几乎是这个数字的5倍。也难怪有这么多人的婚姻陷入危机。和很多东西一样，好的沟通不是自然发生的，它是被培养出来的，而这个过程需要时间和努力。以下是我的建议：

● 建立沟通平台。在寻找话题方面，要变得有想象力和创造力。找一个可以聊天的地方，一家人一起散步；每天都给家人打电话；每周抽出时间一起吃午餐；开车接送孩子上学或者参加活动，这样你们就有时间交流。沟通可以随时随地发生。

● 控制"沟通杀手"。电视和网络偷走了大部分的家庭沟通时间。严格限制自己花在它们上面的时间，你会惊讶地发现你居然有这么多时间可以与家人沟通。

● 在沟通中鼓励诚实和透明。在家庭中，意见不一致是正常状态。要鼓励家人表达真实的想法，当他们这么做时，不要批评或嘲笑他们。

● 采用积极的沟通方式。注意你与家庭成员之间的沟通方式。你可能曾经习惯了态度强硬，使用非合作的沟通方式，那么现在就着手改变吧。如果你想和家庭成员建立良好的关系，必须这么做。

5. 分享共同价值观

在大多数家庭中，价值观可能不被放在优先地位，也较少受到关注。波士顿大学教育学教授威廉·基尔帕特里克（William Kilpartick）说："有一种荒唐的说法是，父母不应该干涉孩子的价值观。这里出现了一个标准的教条，即孩子应该自主建立价值观。但孩子们实在没有机会能创造自己的价值观。剧作家、娱乐明星、广告商、性工作者等，都拼命把他们的价值观贩卖给孩子，在这种情况下，父母又怎么能作壁上观呢？"

共同的价值观不仅使一个家庭更稳固，而且有利于孩子的成长。教育研究学会（Search Institute）的一项研究表明，在单亲家庭中，其父亲或者母亲坚持道德标准的孩子，与价值观没有受到重视的孩子相比，身心健康成长的概率要高一倍。在这里，我们甚至还没有考虑到这些价值观是否是我们所认为积极的。

如果你的家庭跟大多数家庭差不多，那你们很可能从来没有寻找过共同价值观。这种情况下，为了让家人分享共同价值观，最好从确立你所要灌输的价值观开始。为了能让其在生活中起作用，首先必须找到它，并加以确认。价值观大概是这样的3—7件事：为了它们，你可以不惜一切代价。

让我列出麦克斯维尔家的5个价值观，以便你能对这个概念有所理解：

● 承诺于上帝。

- 致力于个人和家庭的成长。
- 共同分享体验。
- 相信我们自己和他人。
- 渴望奉献。

你选择的价值观肯定与我的不同，你要做的是确认它们。如果你从未这样做过，就拿出一些时间，和你的伴侣及孩子谈谈这个问题。如果你的孩子长大了，你可以让他们共同参与价值观的认定。要积极扮演家庭价值观的模范和教师的角色。如果你不扮演，其他家庭成员也不会。

6. 经营婚姻

最后，如果你已婚，就要经营好你的婚姻。这是你能为伴侣所做的最好的事情，而且能对孩子产生积极的影响。我的朋友乔什·麦克道尔（Josh McDowell）曾说过一句充满智慧的话：**"父亲可以为子女做的最重要的事情，就是爱他们的母亲。"**同样，母亲可以为子女做的最重要的事情，是爱他们的父亲。

在许多婚姻关系中，夫妻双方各自坚持自己的做事方式。婚姻可能是因为爱情而开始，但一定是因为承诺而美满。性学研究者阿尔弗雷德·金西（Alfred Kinsey）博士研究了6000宗婚姻和3000宗离婚，他发现："在婚姻关系中，最重要的莫过于做出婚姻应当永续的决定。有了这样的前提，个人也会迫使自己进行调整，接受似乎足以导致破裂的各种情况。"为了你的伴侣、孩子和你自己，你要承担起建立并维持一桩健康婚姻的责任。

NBA教练帕特·赖利（Pat Riley）说："长期持续一段婚姻，你就能长期持续地成功。如果你的生活井井有条，就能心想事成。"家庭成功和个人成功有着明显的相关性。建立健康的家庭关系，不仅能为你未来的成功打下基础，也能给你的生命赋予更多意义。

我相信，如果没有家庭的积极支持，很少有人能够真正成功。不管一个人的成就多么大，如果没能对最亲近的人有所帮助，他们的生活还是少了些什么。的确有些人宣称要独身，但那只是少数。对大多数人而言，一个好的家庭能让你找到目标、发挥潜能，这是你在漫漫长路上，别处无法企及的享受。当利他的种子播撒下去时，谁可以比你的家人更应该得到丰厚的回报呢？

08 既是领导者，也是服务者

> 你爱他人要胜于爱你的地位。

在海湾战争盟军部队的指挥中，美国陆军上将诺曼·施瓦茨科夫表现出极高的领导能力。从西点军校的岁月开始，他的整个职业生涯都表现出了这种能力。

在越南，他改变了一个军心涣散的营。第六步兵团第一营，一支曾经被称为"六团最烂营"的部队，从人们的笑柄变成了高效的战斗部队，被选拔出来执行更艰难的任务。这次任务去的地方名为巴当安半岛，施瓦茨科夫把它描述为一个"恐怖、没命的地方"。这个区域30多年来一直战乱不断，到处布满地雷，每个星期都有不少人因此伤亡。

施瓦茨科夫尽力应对不利形势。他想方设法减少伤亡，而且只要有士兵踩雷受伤，他必然乘飞机过去，用自己的直升机把他们送去医院，并和其他士兵谈心，减少他们的顾虑，鼓舞士气。

1970年5月28日，一个士兵被地雷炸伤，当时作为上校的施瓦茨科夫乘飞机赶到现场。直升机把受伤士兵送走之后，另一名士兵又踩到地雷，腿部严重受伤，在地上打滚，不停地痛苦哀号。此时，大家才意识到，第一个地雷并非单独的诡雷，他们正站在雷区中间。

施瓦茨科夫坚信伤员可以生还，甚至还能保住他的腿，只要他不再乱动。为此，他必须赶到那人身边，让他停止打滚。施瓦茨科夫回忆道：

> 我开始穿越雷区，每一步都很慢，盯着地面，寻找隐蔽的触发装置，或者伸出地面的尖头。我的膝盖颤抖得非常厉害，以至于每走完一步，在走下一步之前，我都得用双手按住膝盖，让它稳定下来……在我接近那孩子之前，像是过了1000年。

体重高达240磅的施瓦茨科夫在西点军校曾经是摔跤手。他用力把伤员按住，让他平静下来。这救了伤员的命。在工兵小队的帮助下，施瓦茨科夫把他和其他人带出了雷区。

施瓦茨科夫的表现，可以被称为英雄主义、勇敢等，但我觉得最好的形容应该是"服务精神"。在那一天，他作为领导者之所以能高效地处理问题，就是因为他为处于危险境地的士兵服务。

公仆之心

当你想到"服务"，是否认为这是较低社会等级、没有什么技能的人做的工作？如果这么想，那你就错了。服务与地位或技能无关，而与态度有关。你一定见过本应服务他人的人却毫无服务意识：粗鲁无礼的政府工作人员，不愿意帮你下菜单的服务生，和朋友"煲电话粥"而不去帮助你的商店营业员。

一个人是否有服务意识，是很容易被别人察觉到的。实际上，最优秀的领导者都渴望为他人服务，而不是为自己服务。

服务精神包含哪些品质呢？一个真正的公仆型领袖应该是这样的：

1. 先人后己

服务精神的第一个表现是先人后己。这不仅意味着暂时搁置自己的想法，而且意味着要主动看到他人的需要，主动帮助他们，重视他人的意愿。

2. 有服务他人的信心

有服务之心的人会更有安全感。如果某个人认为自己最重要，不愿意为他人服务，那么，我可以明白地说，这个人没有什么安全感。我们如何对待他人，其实是我们如何看待自己的反映。诗人、哲学家埃里克·霍弗（Eric Hoffer）捕捉到了这种思想：

> 很明显，如果我们爱自己，也就能真正爱他人。我们对自己做的，也会对别人做。如果我们恨自己，也会恨别人；如果我们容忍自己，也能容忍别人；如果我们原谅自己，也会原谅别人。正是对自己的恨，而不是对自己的爱，成了折磨我们这个世界的麻烦之源。

只有有安全感的领导者才能给予他人力量。而且，也只有有安全感的人才能表现出服务精神。

3. 主动服务他人

在强制的情形下，人人都可能为他人服务；有些人也会在危急情况下为他人服务。但当一个人主动为他人服务的时候，你才能看到他的真心。伟大的领导者看到别人的需要，抓住机会，不求回报地为他人服务。

4. 不迷恋权位

公仆型领袖不看重等级和地位。当诺曼·施瓦茨科夫上校走入雷区时，军阶是他最后想到的事情，彼时，他只是一个努力帮助他人的人。如果他曾经考虑到军阶的话，那也只是作为领导者，他感觉自己有更多的义务去服务他人。

5. 因爱而服务

服务精神的产生不是因为推崇自我或是想操纵别人，它的动力是爱。归根结底，你的影响范围、你的人际关系的质量，都取决于你对他人关心的程度。这也是领导者服务他人之所以重要的原因。

如何成为服务者

想要改善你的服务精神，可以做出以下改变：

- 从小事着手。你是否善于在细微之处关心别人？从你身边的人开始：你的伴侣、孩子、父母。今天就开始思考，找到合适的方式。

- 学会"慢慢走过人群"。我从父亲那里学到这一课，并称之为"慢慢走过人群"。下一次参加有很多客户、同事或者员工参加的典礼时，你可以慢慢和人们沟通，从他们中间走过，与他们交谈。对你遇到的人多加注意。如果你还不知道某个人的名字，就请教别人。要与人们沟通他们的需求、要求和愿望。回家之后，做一个笔记，以便为他人做些于他们有利的事情。

- 展开行动。如果你在生活中明显缺乏服务精神，改变现状的最好办法就是立刻开始行动。行动开始了，你的心灵会很快跟上。在教会、社区机构或者志愿组织登记，尝试为他人服务至少半年。如果到时候你的态度仍未改善，那就反复尝试。一直这样，直到你内心深处发生转变。

为他人服务时，你的目的是什么？你是为了特权和利益而成为领导者，还是出于帮助他人的渴望？

如果你确实想成为人人愿意跟随的领导者，必须处理好服务精神的问题。如果你只想享受服务，而不愿意为他人服务，你可能在走向麻烦。实际上，即将成为伟人的人，一定像是最卑微的人，像是所有人的仆人。

实际上，即将成为伟人的人，一定像是最卑微的人，像是所有人的仆人。

伟大的传教士阿尔伯特·施韦策（Albert Schweitzer）充满智慧地写道："我不知道你们的命运如何，但我知道一件事：你们当中最幸福的那一个，一定是那个已经找到为他人服务的途径的人。"**如果你想在最高层次上成功，就要愿意在最低层次上服务他人。**这是建立人际关系的最佳途径。

EQUIPPING

赋能篇

> 我希望我的墓志铭上写着"长眠于此的人有足够的智慧，让比他懂得更多的人为他服务"。
>
> ——安德鲁·卡内基

> 你做不到的，我能做到；我做不到的，你能做到；我们在一起，就能成就大事。
>
> ——特蕾莎修女

REAL SUCCESS
麦克斯维尔成功启示录

1. "一"这个数字实在太小，难以成就伟大事业。

2. 任何组织中最宝贵的财富都是人。

3. 制度会过时，建筑会老化，机器会折旧，但人可以成长、发展，如果有深知他们潜在价值的领导者，他们会发挥更大作用。

1

第一部

培养团队

01 为什么必须赋能给他人

"一"这个数字实在太小，难以成就伟大事业。

你崇拜的英雄是谁？或许你没有崇拜的英雄。那我问你：你最钦佩的人是谁？你最想成为谁那样的人？谁让你热血沸腾、激情百倍？你是否钦佩——

- 商业奇才，例如山姆·沃顿、弗雷德·史密斯（Fred Smith），或者比尔·盖茨？
- 伟大运动员，例如迈克尔·乔丹、泰格·伍兹，或者马克·麦格维尔（Mark McGwire）？
- 创意天才，例如毕加索、巴克明斯特·富勒（Buckminster Fuller），或者莫扎特？
- 大众文化偶像，例如玛丽莲·梦露、安迪·沃霍尔（Andy Warhol），或者猫王？

- 精神领袖，例如约翰·韦斯利（John Wesley）、比利·格雷厄姆（Billy Graham），或者特蕾莎修女（Mother Teresa）？
- 政治领袖，例如亚历山大大帝、查理曼大帝（Charlemagne），或者丘吉尔？
- 电影巨匠，是 D. W. 格里菲斯（D.W.Griffith）、查理·卓别林，或者史蒂芬·斯皮尔伯格？
- 建筑师和工程师，是弗兰克·劳埃德·赖特（Frank Lloyd Wright）、斯塔雷特兄弟（the Starrett brothers），或者约瑟夫·斯特劳斯（Joseph Strauss）？
- 革命性的思想家，例如亚里士多德、弗兰西斯·培根，或者爱因斯坦？

也许，你钦佩的人不在上面的领域中。

但如果说我们都钦佩有成就的人，大概没有太多异议。美国人尤其喜欢先行者和有胆识者，那些在逆境和困局中独自抗争的人，例如在西部荒野中开创家园的移民，在西部枪战时坚定面对敌人的警官，独自飞越大西洋的飞行员，以及靠个人智慧改变世界的科学家。

孤胆骑警的神话

虽然我们都钦佩某些杰出人士的个人成就，但事实上，没有任何单独的个人能做出有价值的事情。一个人能创造伟大业绩，只是个神话。真实世界里，没有一个兰博（Rambo）能对付整支满怀敌意的大军。孤胆骑警（Lone Ranger）实际上也不是一个孤独的人，无论他到哪儿，印第安人汤图（Tonto）都骑马跟着。

单独行动的个体从来不会取得伟大业绩。透过表面现象，我们发现，所谓的单独行动，其实背后都是一个团队的努力。拓荒者丹尼尔·布恩（Daniel Boone）在开拓莽原时，有特兰西瓦尼亚公司（Transylvania Company）的伙伴陪同；警官怀亚特·厄普（Wyatt Earp）有两个兄弟和霍利德医生（Doc Holliday）替他照看四周；飞行家查尔斯·林德伯格（Charles Lindbergh）有9个商人和瑞安航空公司（Ryan Aeronautical Company）的赞助，后者帮他建造了飞机；甚至用相对论彻底颠覆了人们认知的爱因斯坦，也不是在真空中工作。爱因斯坦有一次曾说："一天中有很多时候，我都意识到，我的工作和思考，很多都是建立在同伴劳动的基础上，无论这些同伴是活着，还是已经去世。我必须竭尽全力释放自己的能量，才能回报他们。"诚然，美国的历史铭刻着无数优秀领导者和创造者冒着巨大危险取得的成就，但这些人始终是团队的一部分。

经济学家莱斯特·C.特鲁劳（Lester C. Thurow）对此的看法是：

> 美国的历史、文化和传统与团队协作并不对立。团队协作在美国历史上有重要意义——四轮马车队征服了西部，在流水线上工作的美国工人征服了世界，成功的国家战略和大量团队合作把美国人送上月球。但美国神话只赞美个人……在美国，几乎任何可想象的光荣行为都能找到纪念地，却没有任何地方建起表彰团队合作的纪念碑。

我并不完全同意特鲁劳的结论。我本人就在首都华盛顿看到过美国海军陆战队的纪念碑，在那里，曾经插上硫磺岛的国旗仍在飘扬。但他的某些看法还是正确的。团队协作是——而且永远是——建成这个国家的基本要素。这个结论也适用于世界上每一个国家。

有一句中国谚语说："山外有山，人外有人。"团队协作是伟大成就的核心。问题不在于团队是否有价值，而在于我们是否认识到上述事实，并且成为更好的团队成员。所以我说，"一"这个数字实在太小，难以成就伟大事业。你不可能单枪匹马完成任何真正有价值的事情。作为领导者，只有充分认识到这一点，你才会明白赋能给他人、培养团队成员的意义。

山外有山，人外有人。——中国谚语

想一想，人类历史上是否有哪次伟大的行动，是由一个人单独完成的？无论你想到谁，你都能看到，他身后有着一个团队。因此，美国前总统林登·约翰逊说："**没有什么困难是我们共同努力无法解决的；没有什么困难是我们单独行事可以解决的。**"

G.吉恩·威尔克斯（C. Gene Wilkes）在他的《耶稣论领导》（*Jesus on Leadership*）一书中讲到，团队的力量不仅在现代商业世界中至关重要，在圣经时代也是如此。威尔克斯说：

- 团队包含的人更多，所以能提供更多资源、想法和能量。
- 团队让领导者的潜力最大化，让他的弱点最小化。在个人状态下，优势和劣势则一览无余。
- 团队提供满足需要、达成目标的多元视野，为每一种情况设计多种方案。
- 团队分享胜利，分担失败。这培育了真正谦虚和亲切的社群。
- 团队让领导者对目标负责。

● 团队比个人能做到的事情更多。

如果你想发挥自己的潜力，或者是为某个似乎不可能的目标奋斗，例如把自己的信息传递到 2000 年以后，就必须将自己置身于团队中。有句话似乎是陈词滥调，但是再真实不过：**个人赢得比赛，团队赢得冠军**。

我们为什么孤立不群

既然团队有这么多好处，为什么有人仍然想单独行事？我觉得原因有以下几个：

1. 自负

很少有人愿意承认有些事情自己做不了，但事实就是如此。世界上没有超人。因此，问题不在于你是否全能，而是你何时认识到自己并非全能。

慈善家和钢铁大王安德鲁·卡内基（Andrew Carnegie）声称："当你认识到其他人的帮助能让你更好地工作，这意味着你在个人发展的道路上前进了一大步。"为了成就真正的大事，把你的自负放在一边，成为团队的一部分吧。

2. 缺乏安全感

我在和某些领导者共事时发现，他们因为觉得自己受到威胁，所以拒绝赋能给他人。意大利政治家尼可罗·马基雅维利（Niccolò Machiavelli）观察到同样的现象，他写道："要评价一个统治者的才智，首先要看他周围有什么样的人。"

我认为，缺乏安全感，而不是缺乏判断力和才智，会让一个领导者去任用那些比较弱的人。只有有安全感的领导者，才会把权力交给他人。另一方面，缺乏安全感的领导者之所以不能建立团队，通常因为这两个原因：要么他们想对自己负责的一切保持控制，要么他们害怕被更有能力的人取代。无论哪种原因，结果都是领导者无法推动团队协作，从而无法发挥自己的潜力，也消磨了周围工作人员的努力。对他们而言，威尔逊总统的建议不无裨益："我们不仅要利用所有已有的大脑，还要利用所有能借用的大脑。"

要评价一个统治者的才智，首先要看他周围有什么样的人。

——尼可罗·马基雅维利

3. 天真

管理顾问约翰·格根（John Ghegan）在他的办公桌上放了一个牌子，上面写着："假如我必须从头再来一次，我一定会去寻求帮助。"这句话准确地反映了第三种孤立不群的人的想法。他们天真地低估了成就大事的困难，所以，他们尝试单独行动。

有些一开始抱有这种想法的人最后成功了，因为他们在中途发现，他们的梦想超出了自己的能力，认识到单打独斗不可能成功，于是做出调整。他们建立团队，从而获得成功。另一些人认识到这一点的时候，已经太晚了，他们无法达到目标，令人惋惜。

4. 性格问题

有些人性格不开放，从不考虑团队合作，也不赋能给他人。当他们面对挑战时，从来想不到要请求别人帮助。

在我看来，这种情况很难理解。我无论面对任何问题，首先会想到团队中能对此有帮助的人。从孩提时代起，我就是这么想问题的。我总是想："如果能邀请别人一起上路，为什么要独自旅行呢？"

我知道，并不是人人都以这种方式行事。但如果什么都自己做，从来不和其他人合作，你就为发挥自己的潜力设置了极大的障碍。艾伦·弗罗姆（Allan Fromme）博士一针见血地说："事实证明，和别人合作比对抗能取得更多成就。"团队能成就有千秋万代价值的事情。甚至性格最为内向之人，也能在团队中享受到许多好处（哪怕是对于不想成就大事的人来说也是如此）。

几年前，我的朋友查克·斯温多尔（Chuck Swindoll）写了一篇随想，总结了团队协作的重要性。他说：

> 没有人能独立成团……我们彼此需要。你需要某个人，某个人也需要你。我们不是孤岛。为了让生活充满生机，我们必须彼此依靠和支持，关联和回应，给予和获得，忏悔和谅解，伸手拥抱和倚靠……因为我们无人能自成一体、独立、自给自足。让我们不要再自以为是了。生命已经足够孤立，用不着再扮演这种愚蠢的角色。游戏到此结束。让我们联合起来吧。

对于想要单打独斗完成所有事情的人而言，游戏确实结束了。如果你想成就大业，你必须与他人团结合作。

02 如何培养团队思维

> 投资于团队几乎可以保证有高回报，因为团队能做到比个人多得多的事情。

他是体育界最伟大的团队建设者，但你也许从未听说过他。以下是他曾取得的惊人成绩：

- 在连续40个篮球赛季中，至少取得20次胜利。
- 5次全国冠军。
- 在33年时间里，20次在本地区排名第一。
- 一生中平均获胜率是0.87。

他的名字是摩根·伍藤（Morgan Wootten）。为什么大多数人没听说过他？因为他是一个高中篮球教练。

如果问到历史上最伟大的篮球教练，大多数人会想到以下一两个名字：雷德·奥尔巴克（Red Auerbach）或者约翰·伍登（John Wooden）。但是你知道约翰·伍登是如何评价摩根·伍藤的吗？他说："人们说摩根·伍藤是国内最好的高中篮球教练，我不同意这种说法。我认为，无论在高中、大学还是职业篮球队，再没有比他更好的教练了。我在别的地方曾经说过，在这里同样要说：我敬畏他。"

伍登教练的评价极有分量，要知道，他曾经获得10次全国大学生篮球锦标赛冠军，担任过一些最富天才球员的教练，其中包括卡里姆·阿卜杜尔–贾巴尔（Kareem Abdul-Jabbar）。顺便说一句，贾巴尔在鲍尔纪念高中打球时，唯一输的一次比赛，就是对阵摩根·伍藤的队伍）。

没想过做团队建设者

摩根·伍藤从来没打算要成为一名球队教练。他在高中时是一名不错的运动员，但没什么特长。另一方面，他非常健谈。成年后，他的理想是做一名律师。当他19岁上大学的时候，一个朋友想办法让他接受了一份在孤儿院当棒球教练的工作，但当时他对棒球了解很少。这个球队既无队服，也无装备。尽管男孩们非常努力，但还是输掉了全部16场比赛。

在执教的第一赛季，伍藤爱上了这群孩子。当他们请他回来做橄榄球教练时，他无法拒绝。他在高中曾经打过橄榄球，对这项运动还略知一二。孤儿院的球队所向披靡，在华盛顿特区天主教青年组织中获得橄榄球比赛冠军。更重要的是，伍藤开始意识到，他更愿意花时间与孩子们在一起，而不是去处理法庭案件。

在第一年的时候，他就改变了这些孩子的生活。伍藤记得有一个特殊的孩子，他学会了偷盗，一次又一次被警察送回孤儿院。这个孩子已经处在危险边缘。伍藤一方面让这个孩子知道他前途不妙，另一方面对他关心有加。伍藤回忆说：

我开始花一些时间和他在一起。我带他到我家里，他应该很喜欢我妈妈做的饭。他和我们一起共度周末。他和我的兄弟姐妹成了朋友。他现在还住在华盛顿，表现很出色，很多人都知道他。如果他是他们的孩子，他们一定会很骄傲。他曾经有可能成为罪犯，在监狱里度过一生，或者更糟，直到有人给了他父母能给予孩子的最好礼物——时间。

从此以后，伍藤每年都会花时间和球队成员一起生活一段时间。曾经是伍藤的球员和助理教练的马蒂·弗莱彻（Marty Fletcher），把伍藤的天赋归结为："他的秘密在于，和他在一起的人，总觉得自己是世界上最重要的人。"

缔造一个王朝

没过多久，伍藤受到邀请，成为本地一个高中的体育助理教练。有了几年的经验之后，他成为德玛莎高中的主教练。

从1956年进入这个学校起，伍藤让好几个失败的球队有了转机。他把德玛莎高中有志于体育的学生都召集起来，告诉他们：

小伙子们，情况会改变的。我知道德玛莎的球队这几年有多差劲，但失败会到此为止。我们要赢，我们要在德玛莎建立赢的传统。从现在开始，我来告诉你们该怎么做。我们要战胜每一支和我们比赛的队伍……通过艰苦的努力、严明的纪律和奉献精神，我们将获得荣誉和尊重，因为我们是胜利者。

那一年，学校橄榄球队赢得了半数的比赛，这是一个巨大的成就。篮球队和棒球队则成为区域冠军。从此之后，他率领的队伍一胜再胜，他缔造了一个王朝。

2000年10月13日，伍藤进入马萨诸塞州春田的奈史密斯篮球名人堂。当时，他率领球队比赛的累计纪录是1210胜，183负。多年来，他培养的运动员有250人获得大学奖学金，有12人后来去NBA打球。

与篮球无关

然而，最让伍藤欣慰的不是赢得比赛和荣誉，而是对孩子的培养。伍藤说：

> 任何层次的教练，有时都会忘记自己的目标，尤其是成功来临时。他们开始本末倒置，努力去训练球队，利用孩子们去达到更高水平，逐渐忘记了他们的根本目标其实是培养孩子们，利用球队来达到这个目的。

伍藤的这一理念不仅让球队获得大丰收，也让球队每个人都有所收获。例如，在26年的时间里，伍藤队伍中的每一个毕业生，不只是主力球星，也包括板凳队员，都拿到了大学奖学金。

投资于团队随着时间推移会越来越有价值。摩根·伍藤赋能给他的球员，因为他知道这才是正确的事情，也因为他在乎他们。他的队员因此而表现优异，他的球队因此而成功，他的职业生涯也因此而卓越不凡。他是在各种级别中第一个赢得1200场比赛的篮球教练。培养人才的回报是全方位的。

如何投资于团队

我相信大多数人都明白，投资于团队会给团队中的每个人带来好处。

他们的疑惑不在于为什么，而在于怎么做。请允许我和大家分享我的经验。

1. 决定建立一个团队——投资于团队的第一步

俗话说，千里之行始于足下。确定团队里哪些人值得培养，是建立一个更好团队的第一步。这需要你作出承诺。

2. 尽可能聚集最优秀的成员——提升团队潜力

团队成员越优秀，团队的潜力越大。只有在一种团队中，你不能走出去挑选最好的成员，那就是家庭，任何时候你都要和这个团队的成员紧密相连。但其他团队都可以通过吸收优秀人才而得益。

3. 愿意为团队发展付出代价——保证团队的发展

当摩根·伍藤尽全力帮助那个处于危险边缘的孩子时，他和他的家人都必须为此付出一定的代价。这很麻烦，要花费他们的时间、精力和金钱。

发展团队也要花费你的时间、精力和金钱。本来可以用于提高个人成效的资源，很多时候必须奉献给团队。有时候，个人需要也要被搁置起来。

4. 作为团队一起做事情——为团队提供大家庭氛围

我曾看到过这样的话："哪怕是有重大意义的比赛过后，你记住的也只是团队合作的感受。你会忘记比赛，忘记射门，忘记比分，但你从来不会忘记队友。"这生动地说明了团队成员一起工作形成的大家庭氛围是多么重要。

确定团队中哪些人值得培养，是建立一个更好团队的第一步。

营造团队的大家庭氛围，最好的办法是能让大家聚在一起，不仅在工作场合，也要在私人场合。在你和团队成员之间，以及团队成员相互之间建立联系有很多方法。许多家庭发现露营是个好办法。商业伙伴也可以在工作之外进行社交（以适当的方式）。重要的不是时间和地点，而是成员之间分享体验。

5. 授予团队成员职责和权力——为团队培养领导者

人们在经过考验，或者犯了错误之后，取得的进步往往最大。任何团队领导者想提升成员的成绩，同时提升自己的领导力，必须给予团队成员职责和权力。如果你是团队领导者，不要对权力和地位防卫森严、敝帚自珍，把它们让出去。这是对团队成员赋能的唯一途径。

6. 把成功的荣誉给予团队——提升团队士气

马克·吐温说："靠一句动听的话，我能活两个月。"大多数人都有这种感觉。如果努力得到承认，人们就愿意努力工作。赞美你的队友吧，谈谈他们取得的成就。如果你是领导者，那就承受责备，而把荣誉给予团队。这样，你的团队将永远为你而战。

靠一句动听的话，我能活两个月。——马克·吐温

7. 关注投资是否得到回报——对团队负责

如果你把钱投入在某件事情上，你当然期望回报，也许不是现在，可

能是将来某个时候。怎么知道你的投资是赚是赔？你一定要密切关注，并且评估其进展。

对人的投资也一样。你需要关注你的时间、精力和资金投入是否得到回报。有些人发展得很快，有些人会慢些，这都没关系。你需要看到的是进步。

8. 对没有成长的成员不再投资——避免给团队带来更大损失

对任何团队而言，抛弃某个队友都是很痛苦的决定。但如果团队中有人拒绝成长和改变，你必须为了团队利益而做出抉择。这并不意味着你不爱那个人，只意味着你对不能使团队变得更好的人停止投资。

9. 为团队创造新的机遇——让团队发展

对团队来说，没有比为它创造新机遇更好的事情了。当一个团队可以跨入新领域，或者面对新挑战时，它就必须自我发展才能迎接它们。这个过程不仅给了团队成长的良机，也让团队中的每个人得益，每个人都可能得到充分发挥潜力的机会。

10. 为团队创造积极进取的环境——保证团队有高回报

在团队中，你的最基本任务是清除障碍，为团队的成功创造最佳机遇。这意味着贡献自己的力量，或者帮助其他人更好地协同工作。如果你是一个领导者，你要为团队创造积极进取的环境，在任何的时候，每个人需要什么就给他什么，帮助他们取得成功。

投资于团队几乎可以保证有高回报，因为团队能做到比个人多得多的事情。或者正如我的一位同僚雷克斯·墨菲（Rex Murphy）所说："**车到山前必有路。有团队的地方，就不止一条路。**"

我个人的投资和回报

一旦你知道投资于团队意味着什么，你就会停不下来。想想团队成员如何给我增值，我又如何给他们增值，这带给我无穷乐趣。就像我的投资及其回报一样，我的快乐也在不断增加。

在我人生的这个阶段，我做的所有工作都是团队协作。当我第一次授课的时候，我自己包办一切。虽然也有其他人的努力，但我自己做的事情从打包、发运到演讲，什么都有。现在，我只是出场和讲课，我的优秀团队打理其他的事务。甚至你读的这本书也是团队协作的结果。团队给我带来了诸多裨益：

- 我的团队让我成为更好的自己。
- 我的团队让我做自己最擅长的事。
- 我的团队给我更多的时间。
- 我的团队在我去不到的地方代表我。
- 我的团队为我们提供了一个欢乐的氛围。
- 我的团队完成了我的愿望。

如果你还没有和我一样的感受，是时候增加你对团队的投入了。创建并发展一个团队就像投资一样，一开始很慢，但你投入的东西会带来高回报，无论在工作方面，还是在金钱方面，都是如此。去尝试一下，你就会发现，投资于团队随着时间推移会越来越有价值。

2

第二部

———

赋能给正确的人

03 应该赋能给什么样的人

离领导者最近的人，决定领导者的成功程度。

一天晚上，我工作到很晚，随手抓了本《体育画报》（*Sports Illustrated*）来看，希望借此放松入睡。但效果恰恰相反，封底一个广告吸引了我的注意力，让我思如泉涌。这是一张约翰·伍登——执教加州大学洛杉矶分校（UCLA）小熊队多年的教练——的图片，下面的说明是："这个把球投进篮筐的家伙有10只手。"

约翰·伍登是伟大的篮球教练，人称"韦斯特伍德巫师"，他在20年间率UCLA队夺得10次全国冠军。在篮球比赛中，连续两次获得冠军已经罕见，他带领的小熊队居然连续7次夺魁。这需要一贯保持卓越的表现、优秀的教练水平和艰苦的训练，但小熊队成功的关键，还在于伍登教练对其团队协作理念的坚持奉行。

他认为，如果你是管理者，要培养其他领导者，你有责任做到：赞赏他们，相信他们能做到最好，赞美他们取得的成绩，承认你对他们负有领导之责。

贝尔·布赖恩特（Bear Bryant）教练表达了同样的观点，他说："我只是阿肯色州的一个农夫，但我学会了如何凝聚一个团队——如何让一些人兴奋起来，让另一些人冷静下来，直到他们像一个团队一样，有着共同的心跳。我永远只说三件事：'如果事情出错了，是我做的；如果事情不好不坏，是我们做的。如果事情做好了，是他们做的。'这就是帮助队员取胜的秘诀。"贝尔·布赖恩特赢得了人心，也赢得了比赛。几年前，他以323次胜利的成就，成为大学橄榄球历史上获胜场数最多的教练。

伟大的领导者——1%顶尖的成功者——都有一个共同点，他们知道获得并留住优秀人才是领导者最重要的任务。组织自身不可能提高生产力，但人可以。任何组织中最宝贵的财富都是人。制度会过时，建筑会老化，机器会折旧，但人可以成长、发展，如果有深知他们潜在价值的领导者，他们会发挥更大作用。

如果你真想成为一名成功的领导者，就必须发展和培养身边的领导者。你必须让你的团队看到、实施和参与你的愿景。领导者看到的是大蓝图，他需要其他领导者帮助自己实现这个心中的蓝图。

大多数领导者身边都有跟随者，他们相信领导力的关键是赢得更多追随者。很少有领导者允许自己身边围绕其他的领导者，但这样做的领导者将会给组织带来极大的价值。一方面，他们的负担减轻了；另一方面，他们的愿景得以执行和扩展。

赋能给谁是个大问题

让你身边围绕着其他领导者的关键，是找到最好的人才，赋能给他们，把他们培养成最好的领导者。伟大的领导者创造更多领导者。让我来告诉你为什么：

1. 离领导者最近的人，决定领导者的成功程度

在过去几十年的领导生涯中，我学到的最重要的领导力原则是：离领导者最近的人，决定领导者的成功程度。反之亦然：离领导者最近的人，决定领导者的失败程度。换句话说，我身边的人"可以成我，也可以毁我"。我作为领导者的成败，由我为身边人赋能的能力来决定，也由我发现其他人给组织带来的价值的能力来决定。我的目标不是聚集一帮乌合之众，而是发展可以成为一股重要力量的领导者。

先停一会儿，想一想你的团队中离你最近的五六个人。你是不是正在培养他们？你对他们的成长是否有通盘计划？他们是否正在接受恰当的赋能？他们能挑起你给的担子吗？

在我的团队里，领导力的培养一直得到强调。在第一次培训课上，我告诉新领导者的第一个原则是：作为潜在领导者，你既是组织的财富，也是组织的债务。我解释说："当组织出了问题，'着火'了，作为领导者，你通常要第一个到达现场。你的双手提着两只桶，一只装水，一只装汽油。你面前的火花可能变成大火，因为你把汽油浇了上去；也有可能被浇灭，因为你把水浇了上去。"

在你的组织里，每个人都有两只桶，领导者要问自己的问题是："我是培训他们用汽油呢，还是培训他们用水？"

2. 组织的成长潜力与人的潜力直接相关

在关于领导力的会议上，我经常说的一句话是："让一个领导者成长，组织就能成长。"如果领导者不成长，组织也不会成长。

有的组织投入非常多的金钱、精力和市场推广在不能成长的地方，这令我非常惊讶。如果组织内人员没有接受过客户服务的训练，为什么要大肆宣传"客户第一"呢？客户很容易就能看出受过客户服务训练的员工和

没受过训练的员工之间的差别。华而不实的宣传册和巧舌如簧的广告词，掩饰不了领导力的无能。

1981年，我担任加州圣迭戈卫斯理地平线教会的高级牧师。从1969年到1981年，这个教会的会众平均是1000人，很明显，这个数字一直停滞不前。我担任领导职务后，问自己的第一个问题就是："为什么教会的发展停滞不前呢？"我需要找出答案，于是，我召开第一次职员会议，讲了一节题目为"领导力画线"的课。我的主题是：领导者决定了组织的发展水平。我在白板上画了一条水平线，写上数字1000。我告诉大家，13年来，地平线教会的平均会众是1000。我知道各位职员可以有效地带领1000人，但我不知道他们能否带领2000人。所以我画了一条虚线，写上数字2000。两条线之间，我写了个问号，然后，又从底部的1000那条线向顶部的2000那条线画了个箭头，写上"改变"。

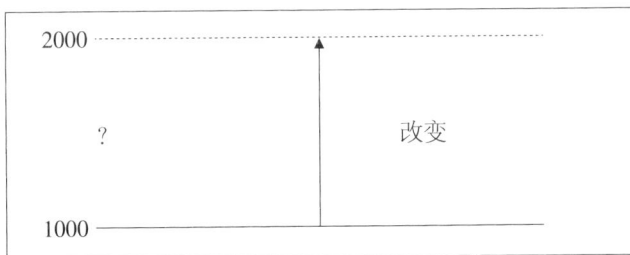

我的职责是培养职员，帮助他们为达到新目标而改变。如果领导者做出积极改变，成长就会自动来临。现在，我必须帮助他们改变他们自己，否则我就必须雇用别人来取代他们的位置，这也是改变的一种。

从1981年到1995年，我在地平线教会讲了三次这样的课。最后一课，放在顶端那条线上的数字是4000。我发现，数字变了，但课的主题没变。任何组织的力量都直接来自其领导者的力量。软弱的领导者等于软弱的组织，坚强的领导者等于坚强的组织。所有事情都随着领导力的改变而改变。

3. 潜在的领导者帮你分担重负

企业家罗兰·扬（Rolland Young）说："我靠独立奋斗而获得成功，但如果让我重来一次，我会召集其他人一起奋斗。"一般而言，领导者无法成功培养其他领导者，要么因为缺乏这方面的训练，要么因为不允许、不鼓励其他人与他们一起奋斗。领导者常常错误地以为，他们必须与身边的人竞争，而不是与他们合作。优秀的领导者则有不同的思维。约翰·肯尼迪总统在《勇气传略》（Profiles in Courage）一书中写道："**前进的最好方式就是和他人一起前进。**"只有领导者抱有与其他人相互依赖的态度，并且致力于建立双赢关系时，积极的互动才有可能发生。

下面让我们看看领导者对人的两种不同态度：

通过竞争取得胜利	通过合作取得胜利
● 把别人当敌人	● 把别人当朋友
● 关注自己	● 关注他人
● 怀疑他人	● 支持他人
● 靠自己的优异	● 靠自己或者他人的优异
● 成功取决于自己的技能	● 成功取决于许多人的技能
● 小胜利	● 大胜利
● 一些快乐	● 很多快乐
● 有胜利者，也有失败者	● 只有胜利者

彼得·德鲁克（Peter Drucker）说："没有任何管理者会因为手下能力强又高效而不高兴。"他说得很对。围绕在我身边的领导者用不同的方式为我分担重负。下面是两种最重要的方式：

他们是我的反射板。作为领导者，我有时要听些我不愿意听但必须听的忠告。这就是身边有其他领导者的好处，你拥有知道如何决策的人。跟随者告诉你的，都是你想听到的话；而领导者告诉你的，是你必须听到的话。

我总是鼓励身边的人在决策之前给我忠告。换句话说，决策前的意见才有潜在价值，决策后的意见毫无价值。大学橄榄球队教练亚历克斯·阿加斯（Alex Agase）说："如果你真想给我提建议，星期六下午1点到4点之间来。在比赛间隙，你有25秒时间可以提建议。星期一不要给我提建议，星期一我早知道应该做什么了。"

> 没有任何管理者会因为手下能力强又高效而不高兴。
>
> ——彼得·德鲁克

他们拥有领导者思维。下级领导者要做的事情不仅是与领导者一起工作，他们还要有领导者的思维。这样，他们才有能力分担责任。这在诸如决策、头脑风暴、为其他人提供保障以及指导别人的时候，实为无价之宝。

我大部分时间都在办公室以外的地方度过，在各种会议和活动上讲话。因此，其他领导者必须在我离开的时候有效处理组织内的事务。他们做到了。之所以如此，是因为我毕生都在寻找和培养潜在的领导者。结果非常令人满意。

领导者吸引潜在的领导者

物以类聚，人以群分。我相信，只有领导者才能识别领导者、发展领导者、手把手培养领导者。我也发现，只有领导者才能吸引领导者。

吸引显然是为他人赋能的第一步，但我发现很多身处领导之位的人无法做到这一点。好的领导者之所以吸引潜在领导者，是因为：

- 领导者的思维模式相近。
- 领导者之间能够相互理解。
- 领导者创造吸引潜在领导者的环境。
- 领导者不会被后起之秀吓到。

假设领导力的打分为1—10分，一个5分的领导者，不会吸引9分的领导者。为什么？因为领导者自然会在人群中寻找和接近与他们水平相当或者水平更高的其他领导者。

一个领导者如果身边只有跟随者，他做事的时候只能依靠自己的力量，因为没有其他领导者分担重任，他只会殚精竭虑、疲惫不堪。假如你曾在完成某件事后问自己："我累吗?"并且答案是肯定的，你也许有一个好理由，就像下面这个幽默故事说的那样：

世界上某个国家有2.2亿人口。其中8400万人年龄已经超过60岁，这就只剩下1.36亿人工作；其中又有9500万人还未满20岁，这样只剩下4100万人工作；其中有2200万人受雇于政府，这样只有1900万人工作；其中又有400万人加入军队，这样只剩下1500万人工作；除去在州和城市中担任公职的1480万人，这样只有20万人工作；其中18.8万人因病住院，只剩下1.2万人工作。

有趣的是，这个国家居然有11998人关在监狱中，所以，只有两个人承担起工作重任，这两个人就是你和我——并且，老兄，我真是累极了，不想什么事情都自己做。

除非你想自己担起所有重任，否则，你就必须发展并培养其他领导者。

为其他领导者赋能让团队的前景更广阔

我父亲教给我一个道理，在组织中，人的重要性超过任何其他因素。他做了16年大学校长。一天，我们坐在校园长椅上，他说，校园里最昂贵的人不是收入最高的人，而是没有产出的人。他说，培养领导者要花很多时间和金钱。一般而言，付给领导者的工资更高。但是，领导者是无价财宝，他们能吸引有更高素质的人，他们更有成效，他们不断为组织增值。最后他说："大多数人只有在感觉好的时候才有产出，但领导者在感觉不好的时候也有产出。"

大多数人只有在感觉好的时候才有产出，但领导者在感觉不好的时候也有产出。

——梅尔文·麦克斯维尔（Melvin Maxwell）

你带领的人越多，你需要的领导者也就越多。金克拉说："成功就是最大程度地使用你拥有的能力。"我相信，对于领导者而言，成功可以定义为"最大程度地使用你手下人的能力"。安德鲁·卡内基是这样解释的："我希望我的墓志铭上写着'长眠于此的人有足够的智慧，让比他懂得更多的人为他服务'。"这个目标值得所有领导者去追求。

04 潜在的领导者是什么样的

> 伟大的领导者寻找潜在的领导者，然后把他们转变为优秀领导者。

有一种东西远远比能力更重要，也更稀缺，这就是辨别他人能力的能力。一个成功的领导者最基本的责任就是辨别潜在领导者。有一些人你愿意花时间去培养，要把他们辨别出来并非易事，但却至关重要。

安德鲁·卡内基是这方面的大师。一次，一个记者问他是怎么雇用到43个百万富翁的，卡内基回答说，他们开始为他工作时，都不是百万富翁，结果他们都成了百万富翁。记者接下来问，他怎样把这些人培养成如此有价值的领导者，卡内基回答说："培养人和采金矿是一个道理。要淘去好几吨的沙石才能得到一盎司金子。但你进入金矿不是寻找沙石，你要进去寻找金子。"这正是赋能的方法：寻找金子而不是沙石，寻找优秀的而非糟糕的人。

挑选合适的选手

职业体育团队都知道挑选合适选手的重要性。每年，职业棒球、篮球、橄榄球队的教练和老板都期待着选秀。为此，职业球队花费大量时间和精力收集新人信息。比如，职业橄榄球队的星探会在大学联赛、杯赛，少年杯赛和校园中奔波，寻觅合适的新人。星探把获得的信息交给球队老板和教练，当选秀日到来时，球队便能挑选出他们认为最有前途的新人。球队老板和教练都知道，球队的未来很大程度上要依靠他们选拔新人的能力。

生意场上也是如此。你必须为组织挑选最合适的成员。如果选择正确，其好处是无法估量的。如果选择不力，则出现的问题也是无法估量的。

做出正确选择的关键在于以下两点：一是抓住重点，二是在挑选过程中判断被选对象的能力。

不妨使用以下盘点的方式来开始思考。这是我所采用的方式，不仅可以从组织内部，也可以从组织外部来考察候选人。我把这个清单称为 5A 清单：

- 需求评估　　　　　　　　　需求是什么？
  （Assessment of needs）
- 现有资产　　　　　　　　　组织中可用的人是谁？
  （Assets on hand）
- 候选人的能力　　　　　　　谁有能力？
  （Ability of candidates）
- 候选人的态度　　　　　　　谁愿意？
  （Attitude of candidates）

● 候选人的成绩　　　　　　　　　谁能完成工作？
（Accomplishments of candidates）

注意，盘点要从需求评估开始。领导者必须在抓住重点的基础上进行评估。查理·格里姆（Charlie Grimm）管理芝加哥小熊队的时候，接到一名星探的电话，星探兴奋地在电话那头大喊："查理，我找到了球场上最棒的年轻投手！他击败了每个击球手，连续27个人，直到第9局才有一个击球出界。这个投手现在就在我这儿。我应该怎么做？"查理回答："签下那个把他打中的击球手，我们正在寻找击球手。"查理非常清楚自己的球队需要什么。

但有一种情况不需要需求分析：如果有一个非常杰出但又不太适合当下需求的人才，无论如何要想办法雇用他。长远来看，这种人将对组织产生积极影响。在体育界，这种决策很常见。顺便提一下，"强力球员"不仅具备运动方面的能力，也具备领导力。他们具备成为球队队长的素质。当我有机会雇用一个杰出人才时，我会毫不犹豫地去做。然后，我会找到适合他的位置。优秀人才难找，而一个组织中总有位置适合这样的人。

领导者应当具备的素质

为了发现可培养的领导者，首先必须知道领导者应该具备什么样的素质。你雇用的人，在他们身上要能找出以下10种领导品质：

1. 品格

在任何领导者或者潜在领导者身上，你首先看到的都是品格的力量。这是最重要的素质。任何严重的品格缺陷都不能被忽视，它们最终都将使领导行为无以为继。

品格缺陷不应该与普通缺点混淆。我们都有缺点，可以通过训练或者积累经验来克服。品格缺陷则非一夜之间可以改变，改变通常要用很长的时间，而且还需要巨大的投入和付出。任何有品格缺陷的人都是组织中的薄弱环节。在领导者品格存在缺陷的情形下，整个组织都有可能被摧毁。

构成良好品格的素质包括：诚实、诚信、自律、可教、可靠、坚定、尽责、认真、坚实的工作态度等。有良好品格的人言行一致、名誉清白、举止坦诚。

评价一个人的品格是很困难的，要注意这样一些不好的信号：

- 不能对自己的行为负责。
- 未能履行诺言或者义务。
- 无法按时完成任务。

一个人如何管理自己的生活，很大程度上能体现出他领导别人的能力。观察他如何与别人交往，观察他的人际关系，可以看出他品格的很多方面。看看他和上级、同事及下级的关系。和你的下属谈谈，了解潜在领导者是如何对待他们的。他们将会给你提供更多的意见。

2. 影响力

领导力就是影响力。每个领导者都有两个特点：一是有明确的方向，二是他能说服其他人一起朝着这个方向努力。只有影响力是不够的，还必须对这种影响力进行评价。要从以下几方面考察潜在领导者的影响力：

他拥有哪一层次的影响力？ 这个人之所以有跟随者，是因为职位（他利用工作赋予的权力）、授权（他给了别人发展的机会，这激励别人跟随他）、产出（他和他的跟随者不断取得成果）、赋能（他培养了身边的人），还是因为个人魅力（他超越组织，并在更大的范围内产生影响）？

谁影响他？ 他正在追随谁？人们会变得像他们的榜样那样，所以要关注：他的榜样有职业道德吗？他的榜样能够分得清主次吗？

谁被他影响？ 同样，跟随者的素质也能说明领导者的素质。他的跟随者是积极的产出者，还是一群平庸的应声虫？

领导力就是影响力。

斯图尔特·布里斯科（Stuart Briscoe）在《普通人的学徒期》（*Discipleship for Ordinary People*）中讲了一个年轻牧师的故事。他在一个老兵的葬礼上担当祭司。老兵的战友参加这个葬礼，以此表达对战友的敬重。他们请年轻牧师带领他们到棺材旁边，寄托他们的哀思，然后从侧门走出来。但是，牧师引导他们走错了路。在其他志哀者众目睽睽之下，这些军人以整齐的步伐走进了一间杂物室，然后不得不匆忙而满脸疑惑地退出来。每个领导者都要知道自己的方向。同样，每个跟随者也最好确认自己跟随的领导者知道他在做什么。

3. 积极的态度

积极的态度是一个人生命中最宝贵的财富。我对此确信不疑，写了整整一本书论述这个主题，书名叫《赢的态度：个人成功的关键》（*The Winning Attitude：Your Key to Personal Success*）。很多时候，人们认为自己存在的问题并不是他们真正的问题。他们的问题是态度，错误的态度使他们无法处理生活中遇到的障碍。

如果一个人的态度能够使他以完全积极的观点对待生活，这个人就可以称为一个"无极限的人"，不会像大多数人那样被生活局限。有积极态度的人能去到别人去不到的地方，做到别人做不到的事情。他们不会被自我强加的桎梏限制。

有积极态度的人就像大黄蜂。大黄蜂本应是不会飞的，从空气动力学的观点看，它的大小、重量、身形与翼展的关系，决定了它无法飞行。但是大黄蜂不在乎科学理论，照样到处飞行采蜜。

这种没有局限的思维让一个人可以精神饱满地开始每一天，就像我曾经在书中看到的一个电梯操作员那样。一天早晨，在一个挤满人的电梯里，这个人开始哼起小调来。一个乘客不耐烦地呵斥道："你有什么可开心的?""有啊，先生，"操作员开心地回答，"我从来没在今天活过啊!"如果态度积极，你的当下和未来都会变得更有趣。

我们应该这样来思考态度：

> 它是真我的先遣兵。
>
> 它的根向内，但果实向外。
>
> 它是我们最好的朋友，或者最坏的敌人。
>
> 它比我们的语言更诚实、更可靠。
>
> 它是过去经历的外在表现。
>
> 它把人们吸引过来，或排斥出去。
>
> 它只有被表达出来才能满足。
>
> 它是我们昨天的管理员。
>
> 它是我们今天的发言人。
>
> 它是我们明天的预言者。

态度为我们的人生定下基调，尤其是对领导者及其跟随者来说更是如此。

4. 出色的交际能力

没有交际能力的领导者很快就会失去跟随者。据报道，伟大的领导者安德鲁·卡内基曾经付给查尔斯·施瓦布（Charles Schwab）100万美元的年薪，只因为他有出色的交际技巧。卡内基手下有其他人更了解这个工作，其经验更适合这份工作。但是，他们都缺乏基本的个人素质，无法让其他人来帮助自己，而施瓦布则能从手下的人员中找到最得力的人来帮助他。人们也许会敬仰只有天赋和能力的人，但不会跟随他们——至少不会长久地跟随。

优秀的交际能力包括：对别人的真正关心，理解他人的能力，与他人积极沟通的技巧。我们如何对待别人决定了别人如何对待我们，成功的领导者都明白这个道理。

5. 明显的天赋

上帝创造的每一个人都有天赋。领导者的工作之一是，在考虑雇用或培养一个人的时候，评估他们的天赋。我认为每个候选人都是"准领导者"。据我观察，有四种类型的"准领导者"：

从来没成。 有些人缺乏做某一特定工作的能力，他们在某些方面缺乏天赋。一个人如果进入一个自己没有天赋的领域，只会灰心丧气，常常把自己的失败归咎于他人，最终疲惫不堪。这种人只有改变方向才有机会发挥自己的潜力。

也许能成。 有些领导者有适合的天分和能力，但缺乏自律。他甚至有着超级明星的能力，却不能督促自己去发挥这种能力。这种人需要培养自律的习惯，然后尽管放手去做。

应该能成。 有些领导者有未经打磨的天分，而又缺乏利用这种天分的技巧。他需要训练。一旦他在这方面得到帮助，就会变成他理应成为的那种人。

一定能成。有些领导者唯一需要的就是机会。他有适合的天分和技能，有正确的态度，也有动力成为他理应成为的那种人。作为领导者要给他们机会，否则他们将会去寻找给他们机会的人。

上帝创造的所有人都有天生的禀赋，但上帝同时为他们制造了两个极端，一端是坐视不理，一端是充分发掘。人生的成败取决于你在哪一端。这是一个掷硬币游戏：正面赢，反面输。

6. 被认可的成功经历

诗人阿齐博尔德·麦克利什（Archibald MacLeish）曾说："有一件事情比吸取经验更痛苦，那就是不吸取经验。"明白这个道理的领导者，随着时间推移积累着不同的成功经验。每一个进入新领域、想有所作为的人都会犯错。没有被认可的成功经历的人，要么没有从错误中学到东西，要么没有去尝试。

我曾经与许多有天赋的人一起工作，他们都有很好的成绩。在我开始运作我的公司时，有一个人特别突出，他有着第一流的、极高的领导力素质，他就是迪克·彼得森（Dick Peterson）。他曾经在IBM工作多年，而且他在IBM的工作经验一点也没浪费。当我在1985年邀请他加入我的团队，开始运作音久（INJOY）公司时，迪克已经有很成功的经历了。一开始，我们公司虽然有很大的潜力，但缺乏资源。迪克通过艰苦的工作、策划，依靠敏锐的洞察力，把车库里的小本经营，变成了一项事业，每年通过其教育材料影响着全美国乃至全世界的数万名领导者。迪克做音久公司总裁15年，让这个公司得以起飞。

管理专家罗伯特·汤森（Robert Townsend）注意到："领导者身材各异，年龄不同，外表有差，条件不同，有些人行政能力很差，有些人不太聪明，但有一个线索可以辨别领导者。大部分人本质上都是普普通通的人，虽然如此，领导者之所以能被辨认出来，某种程度上是因为他们领导的人一向都能取得超凡的业绩。"一定要考察候选者过去的成绩。真正的领导者总有被认可的成功纪录。

7. 自信

人们不会跟随一个没有自信的领导者。事实上，人们会自然地被自信的人吸引。

自信是积极态度的一种表征。最伟大的成功者和领导者无论在何种情况下都展现出十足的自信。但自信不仅仅是拿来展现的，自信还能赋予人力量。一个好的领导者有能力把自己的信心传递给跟随者，而一个伟大的领导者则能激发跟随者自己的信心。

8. 自律

伟大的领导者总是自律的，概无例外。可惜，我们的社会提倡及时行乐甚于严于律己。但成功不会瞬间即至，领导力也如此。正如艾森豪威尔将军所言："没有打折的胜利。"

说到自律，人们面临两个选择：一是奉献和成长带来的约束之痛，二是轻松度日却失去机会的悔恨之痛。生活中，每个人都要选择。在《成就的冒险》（*Adventures in Achievement*）一书中，E.詹姆斯·罗恩（E. James Rohn）说，**约束之痛轻如鸿毛，悔恨之痛却重若泰山**。

我们在自己打算培养的潜在领导者身上，要寻找两方面的自律。一是情感自律。成功的领导者明白，他们的情绪反应都由自己负责。一个能够控制自己不被他人和环境左右自己情绪的领导者，能体验到更大的自由。正如希腊哲学家爱比克泰德（Epictetus）说的："**不是自己主人的人，就并非自由人。**"二是时间自律。地球上每个人每天都分配到同样的时间，但人们的自律程度决定了这些时间的利用效率。自律的人总在成长，总在努力向上，他们最大化地利用自己的时间。我发现，有三件事情最能体现出谁是自律的领导者：

- 他们有明确而具体的长期和短期目标。
- 他们有完成目标的计划。
- 他们有激励自己不断努力以完成目标的意愿。

成长是有代价的。当你考察一位潜在领导者时，要看看他是否愿意付出代价。连载漫画《齐济》（*Ziggy*）的作者明白这一点，所以画了下面这个情景：

我们的朋友齐济开着他的小汽车行驶在一条道路上，看到两个路牌。第一个路牌写着：通往成功之路。又走了一段路，他看到第二个路牌，上面写着：准备停车缴费。

9. 有效沟通的技巧

绝对不要低估沟通的重要性。沟通花费了我们大量时间。D.K.伯洛（D. K. Burlow）所著《沟通过程》（*The Process of Communication*）一书中详述的一项研究表明，美国人做事平均有70%的时间用于口头沟通。没有沟通能力，领导者无法有效地展现愿景，也无法号召下属按照他的愿景行动。

领导者有效沟通的能力也是一种对自信的展现，要求他们主动出击，并从跟随者那里得到反馈。沟通是积极的互动过程。如果沟通是单向的，事情就变得滑稽了。你可能听过一个失落的法官的故事，他准备审理一桩离婚案：

"你为什么想离婚？"法官问，"有什么根据？"

"到处都有，我们有一亩半土地。"女方回答。（英文"根据"[grounds]和"土地"用一个词）

"不是这个意思，"法官说，"你们有仇吗？"

"有的，先生。能容下两辆车。"（英文"怨恨"[grudge]和"车库"[garage]发音相近）

"我要知道离婚的原因，"法官失去了耐心，"他打你了吗？"

"哦，没有。我每天6点钟就起来了，他要很晚才起来。"（英文"打人"[beat up]和"起床"用词近似）

"好好听着！"愤怒的法官说，"你们离婚的原因是什么？"

"噢，"她回答说，"我们好像不能沟通。"

当我观察潜在领导者的沟通技巧时，我会注意以下几点：

真正关心对方。当人们感到你关心他们时，他们会愿意听你讲。关心他人是沟通的起点。

是否注意反馈。糟糕的沟通者将注意力集中于自己和自己的观点上。好的沟通者注意听对方的反馈和回应，还能读懂身体语言。

与各色人等沟通的能力。好的沟通者有能力让人们感觉舒服，他有合适的方法，与来自不同背景的所有人建立关系。

是否与对方的视线接触。大多数直视你的人都愿意向你敞开心扉。

热情的微笑。打开沟通之门的最快方法是微笑。一个微笑能克服无数沟通障碍，跨越文化、种族、年龄、阶级、性别、教育和贫富的界限。

如果我期待某个人担任领导职责，我必须同时要求他有能力进行沟通。

10. 不满足于现状

我曾经告诉过我的员工，"现状"来自拉丁文status quo，意思是"我们身处其中的困境"。领导者能看清现状，但更重要的是，他还能看到将来的愿景。他们从来不满足于现状。"领导"的定义就是在前面引领，打开新局面，征服新世界，走出现状。唐娜·哈里森（Donna Harrison）说："伟大的领导者从不满足于现有成绩，他们向着越来越高的成就奋斗。"他们对自身要求如此，也要求身边的人与他们一样。

对现状不满并不意味着态度消极或者满口埋怨，而是乐于改变、愿意冒险。安于现状的领导者很快会变成跟随者。贝尔大西洋公司（Bell Atlantic Corporation）的前 CEO 和主席雷蒙德·史密斯（Raymond Smith）曾说："走安全路线，做自己的事情，波澜不惊，的确不会让你失去工作（至少现在），但长期来说肯定对你的职业生涯和公司没好处。我们不是笨蛋。我们知道管理人员到处都是，也容易留住，而领导者、风险承担者，则非常短缺，有远见的领导者，更是凤毛麟角。"

在现状中得过且过、不去找新的解决办法的人，是不愿意冒险的。容忍旧问题花费的精力和时间，和提出新的解决方案花费的精力和时间，区别其实是很小的——区别就在于态度。在寻找潜在领导者时，要关注那些寻求解决方案的人。

好的领导者有意识寻找并发现潜在的领导者；伟大的领导者不仅发现他们，还把他们也培养成为伟大的领导者。他们具备认识贤能之士的能力，拥有发现高效领导者的策略。正因为如此，他们的组织才会更上一层楼。

05 赋能需要什么

赋能如同培植，是一个持续的过程。

赋能与训练相似，但我更喜欢用"赋能"这个词，因为它更准确地说明了潜在领导者必须经历的过程。一般而言，训练更着重于具体的工作任务。例如，训练一个人使用复印机，或者使用电脑。训练只是赋能过程的一部分。

赋能，如同为一个没有相关技能的人攀登高山之巅而做准备。准备是一个过程。当然，他需要一定的装备，如防寒服、绳索、鹤嘴锄和登山钉，也需要接受如何使用这些装备的相关训练。

不过，登山者要做的准备不只是拥有合适的装备，并且知道如何使用这些装备。他还必须在身体素质方面做好准备，以应付艰苦的攀登；他必须受训成为团队的一员。更重要的是，他必须像登山者那样思考。他必须能看到顶峰，知道如何征服顶峰。不经历这些过程，他不仅登不上顶峰，反而有可能被困在山腰，束手无策，甚至冻死在征途上。

赋能如同培植，是一个持续的过程。你不可能在几个小时，或者一天内完成这个过程，也不可能用某种固定模式或者一盘录像带来为一个人赋能。赋能必须针对每个潜在领导者量体裁衣。

赋能者要扮演的角色

理想的赋能者能够展示工作前景，评估潜在的领导者，给予其需要的工具，然后帮助他走过开始的一段行程。

赋能者是榜样——他是一个领导者，从事相关工作，而且做得很好，走在正道，始终如一。

赋能者是导师——他是一个顾问，清楚组织的愿景，并能把它传达给其他人。他有着丰富的经验供大家利用。

赋能者是鼓舞者——他能向潜在领导者传输愿景。他能够引导、教育人们，并且能评估人们的成长过程。

以下是整个过程必经的步骤：一开始，要与潜在领导者建立关系，然后以此为基础，为他们制订相应的赋能计划，督促他们进步，赋予他们成功的力量和信心，最后，让他们将这一过程继续传递下去。

1. 与你培养的人发展个人关系

所有好的领导与被领导关系，都从个人关系开始。如果被指导者了解你、喜欢你，他们就愿意走你指出的道路，学习你的言行。如果他们不喜欢你，就不愿意向你学习，赋能过程就会慢下来甚至停止。

为了建立关系，你要从聆听他们的生活故事和人生历程开始。你对他们要有真实的兴趣，这对他们意义重大。而且，这也有助于你了解他们的优缺点。问问他们，有什么目标，是什么在激励他们。了解他们的性格。如果你先聆听他们的心声，他们会很愿意向你伸出友谊之手。

所有好的领导与被领导关系，都从个人关系开始。

2. 分享你的梦想

当你了解他们之后，你要分享自己的梦想。这有助于他们了解你，知道你的方向。没有比这更能清楚地表达你的用心和动机的了。

美国前总统伍德罗·威尔逊曾说："梦想推动我们成长。所有的伟大人物都是梦想家。他们在春天的薄雾中、在漫漫冬夜的火光中看到某些东西。我们有些人让这些伟大梦想死去，但另一些人却悉心呵护它们，在艰难时日中呵护梦想，直到把它们带到阳光和光明中。阳光和光明总是青睐那些真诚希望梦想成真的人。"我常常在想："是人成就了梦想，还是梦想成就了人？"我的结论是，两者都对。

所有好的领导者都有一个梦想，所有伟大的领导者都与能帮助他们达成梦想的人分享梦想。弗罗伦斯·妮蒂雅（Florence Littauer，畅销书《性格解析》[*Personality Plus*]的作者）建议我们：

- **敢于梦想**：渴望做大事。
- **准备梦想**：做好功课，为机会来临做准备。
- **实现梦想**：行动起来。
- **分享梦想**：让其他人成为梦想的一部分，它将会变得比你希望的更美妙。

3. 要求承诺

肯·布兰切特（Ken Blanchard）在《一分钟经理人》（*The One Minute Manager*）一书中说："感兴趣和承诺是两回事。当你对一件事感兴趣，你只会在方便的时候去做；当你对一件事有承诺，你就会无条件去做。"不要赋能于只是感兴趣的人，要赋能于那些敢于承诺的人。

判断人们是否有承诺，你首先必须让他们确切地知道，成为领导者要付出什么代价。这意味着你必须确保自己不能"低价出售"一项任务，要让他们知道完成工作的代价。如果他们没有承诺，就不要培养他们。不要浪费时间。

4. 为成长设定目标

人们想做成任何有价值的事情，都需要有清晰的目标。成功绝不会瞬时即至，而是积跬步而成。一系列的目标是潜在领导者成长道路上的参照地图。正如沙德·赫尔姆塞特（Shad Helmsetter）在《变革时代的超卓之士》（*You Can Excel in Time of Change*）一书中所说："**目标塑造了计划，计划决定了行动，行动导致结果，而结果带来成功。这一切始于一个简单的词语：目标。**"作为赋能者，我们必须引导赋能对象去设定目标、达到目标。

当你帮助人们设定目标时，请使用以下的指导原则：

目标要恰当。时刻牢记你的目标是，让他们发展成高效的领导者。明确而恰当的目标有助于实现这个大目标。

目标是可达成的。当面对一个不可达成的目标时，人们很快就会放弃。我欣赏 AMAX 公司董事局前主席伊恩·麦格雷戈（Ian MacGregor）说的："我在工作中使用的原则和驯马原则差不多。一开始，障碍不能太高，目标不能太难，要循序渐进。管理中重要的一点就是，永远不要要求人们达成他们接受不了的目标。"

目标要可测度。如果目标不可测度，那么人们根本不知道是否达到了目标。如果目标是可测度的，人们会因此而获得满足感。这也将他们从旧目标中解脱出来，去设定新目标。

目录要清晰。如果目标未能清晰表达，人们就无法聚焦行动，以达成目标。

目标要有弹性。我在前面提过，目标必须是要能达成的。另一方面，如果目标不用费多大的力气就能达到，人们也不会有成长。领导者必须清楚了解赋能对象，确保目标既是可达成的，又需要费一点力气才能做到。

目标要写下来。当人们写下目标时，会对目标更有责任感。一项对耶鲁大学毕业班的研究表明，一小部分写下自己目标的毕业生比其他毕业生取得的成就更大。

5. 沟通基本点

要做到有成效和在职业上有满足感，人们必须知道自己的基本职责是什么。这听起来容易，但管理泰斗彼得·德鲁克讲过，当今职场上的一个重要问题是，老板和下属就下属应该做什么无法达成共识。雇员常常感觉到，他们要对一切事情负有含糊的责任。这把他们吓倒了。我们需要让他们清楚地知道，他们要对什么负责，不用对什么负责，然后他们才能专注于做我们希望达成的事情，最终成功。

看看篮球队是怎么运作的。5个运动员每人都有特定的任务。球队中每个人都知道自己的任务，知道他对球队独特的贡献是什么。当每个球员都专注于自己的具体职责时，球队才能获胜。

最后，领导者必须告诉人们，他们所做的工作对组织和领导者有着什么样的价值。对于下属而言，这往往是最重要的一个基本点。

6. 赋能的5个步骤

赋能过程中，有一个环节是训练人们去完成某个具体的任务。领导者采取的训练方法，很大程度上可以决定人们的成败。如果采用干巴巴的、学究式的方法，被训练者记住的东西就很少。

最好的训练方法充分考虑到人们的学习模式。研究表明，我们对自己听到的能记住10%，对自己看到的能记住50%，对自己说过的能记住70%，然而，对于听到、看到、说过，而且实践过的，我们能记住90%。知道这些之后，我们要发展出一套具体的训练方法。以下是我的发现：

步骤1：示范。一开始，我自己做，让被训练者观察。在此过程中，我力图让他们有机会看到我工作的全过程。

步骤2：指导。在第二步，我继续亲自示范，但让被训练者在我身边一起做，协助我。我还用心给他们解释怎么做，以及为什么要那么做。

步骤3：监督。此时，我的位置变了，被训练者工作，我在旁边协助、纠正。在这个阶段，尤其重要的是给予被训练者积极的鼓舞和激励。这会让他不断尝试，不断进步，而不是中途放弃。一直持续这个过程，直到他能够胜任工作。一旦他完成了这个步骤，要让他对过程进行总结，这能帮助他更好地理解并且记住。

步骤4：激励。在这一阶段，我从任务中脱身，让被训练者自己去做。我的任务是确保在没有我的帮助下，他也知道如何完成工作，并不断地鼓励他，让他不断进步。对我而言，重要的是要一直在他身边激励他，直到他感觉到自己成功了。鼓励他吧，同时也向他学习。

步骤5：延续。这是整个过程中我最喜欢的环节。新领导者一旦能够较好地掌握工作方法，就可以转身去教其他人。做过教师的都知道，学习一样东西最好的办法，就是教别人怎么做。最棒的是，当其他人可以胜任训练工作时，我就可以腾出手来，去训练更多的人了。

7. "三大法宝"

假如你不放手让人们去做，所有的赋能都难显成效。我相信，如果我找到最合适的人，告诉他们我的愿景，对他们进行基本的训练，我就会从他们那里得到高回报。正如乔治·S.巴顿将军（George S.Patton）曾说的：**"永远不要告诉下属如何做事。告诉他们要做什么，他们会用自己的才智给你惊喜。"**

你不能无计划、对下属放任自流，但也要给他们足够的自由空间发挥创意。做到这点的方法就是给予他们"三大法宝"：**职责、权威和责任感**。

对某些领导者而言，最困难的事情就是：不仅要给下属职责，还要放手让他们履行职责。糟糕的管理者总是控制下属工作中的每个细枝末节。如此一来，为他们工作的潜在领导者会无所适从，也无法得到发展。他们会事不关己、高高挂起，或者干脆逃避责任，而不是承担起更多责任。如果你想让人们履行职责，那就真正把职责给予他们。

职责必须与权威相伴。如果两者未能同时授予，事情就不会有进展。第二次世界大战期间，温斯顿·丘吉尔在下议院的一次演讲中说道："我是你们的仆人。如果愿意，你们有权解雇我。但你们无权要求我在没有法定权力的情况下担负责任。"同时给予职责与权威，才是真正的授权。

关于权威，有一个重要的问题需要注意，那就是：当我们第一次给予新任领导者权威时，实际上只是"准许他们拥有"权威，并非真正把权威交给他们。权威必须靠他们自己去赢得。

我们必须准许人们建立和培养权威，这是我们的责任。然后，他们就要负责自己去赢得权威。

我发现权威有不同的层次，它们是：

地位权威。这是最基本的权威类型，来自组织架构的规定。这种权威不会超越工作职责的规定范畴，这也是所有新领导者的起点。在这个基础上，他们可能赢得更大的权威，也可能把他们获得的那一点点权威缩到最小。这取决于他们自己。

能力权威。这种权威的基础是个人的专业能力，和完成工作的能力。跟随者会承认有能力的领导者在专业领域内的权威。

性格权威。在个人特点方面，跟随者也会承认领导者的权威，包括他的性格、外表和魅力。建立于性格基础上的权威，比建立于能力基础上的权威有所扩展，但并没有多少进步，因为这种权威还是比较表面的。

德行权威。以德行为基础的权威来自一个人的内涵及品格。如果新领导者获得了以德行为基础的权威，他们就进入了自身发展的一个新阶段。

精神权威。在世俗社会中，人们很少认识到精神权威的力量。这是权威的最高层次。

面对每一群新人，领导者都必须赢得权威。我发现，一旦领导者在一群人中获得了某一层次的权威，他在另一群人中建立起这一层次的权威就不会太费事。权威的层次越高，它的发生所用的时间就越短。

得到职责和权威之后，人们就有了力量，可以做事了。但是，我们必须保证他们做正确的事情。此时，责任感就进入了我们的视野。如果我们营造恰当的氛围，人们就不会害怕负责任。一旦犯错误，他们会勇于承认，把错误看成学习过程的一部分。

在责任感这方面，领导者要拿出一点时间，评估新领导者的工作，直言相劝，提出有建设性的意见。要对人们坦诚，也要支持他们，这是至关重要的。据说，当哈里·杜鲁门众望所归，在富兰克林·罗斯福总统死后继承总统之位的时候，白宫发言人山姆·雷伯恩（Sam Rayburn）对他提出了忠告："从现在起，一定会有很多人围在你身边。他们想在你身边形成一堵墙，隔绝你吸收外界思想的通道，让你只听他们的。他们会告诉你：哈里，你是多么伟大。但你和我都知道，你不是。"雷伯恩这么说，就是想让杜鲁门总统负起责任来。

8. 给他们所需的资源

给予责任而没有相应的资源支持，是荒谬可笑的，这将给人们造成极大的限制。著名心理学家亚伯拉罕·马斯洛（Abraham Maslow）说：**"如果你唯一的工具是锤子，那么你会把所有问题都看成钉子。"** 如果想要人们富有创意、充满活力，就必须给他们提供相应的资源。

很明显，最基本的资源是工作设备，例如复印机、电脑，以及任何能简化工作的东西。你必须明白，不能只提供最基础的设备，还要让设备使工作尤其是次要的工作更快、更有效地完成，要让人们腾出时间去做更重要的事情。

不过，资源不光是指设备，更多是指有利于成长的要素。花时间在某些必要的领域指导他们。要乐于在图书、研讨会、专业会议这些事情上花精力，这里有着非常丰富的信息，而且组织之外的新鲜思想能刺激组织的成长。要创造性地提供资源，这会使下属成长，让他们更好地工作。

9. 有计划地检查

与下属保持定期接触，是一项基本工作。我喜欢时不时给人们一些小小的评估。那些只等着一年一度例行评估的领导者没有尽到自己的责任。人们需要时不时地听到鼓励，说他们做得不错。同时，在他们做得不好的时候，也需要及时给予提醒。这样，组织可以预防很多问题，领导者也会有进步。

我对下属的检查频率，取决于以下几个因素：

任务的重要性。如果一项工作对组织的成功至关重要，我就会经常和人们沟通。

工作的要求。我发现，如果一项工作要求非常高，人们就更需要得到鼓励。

工作的新旧程度。 有些领导者处理新任务毫无困难，无论此任务和之前的任务多么不同。有些领导者则很难适应。对于那些灵活性或者创造性稍差的人，我经常监督检查。

人员的新旧程度。 我希望给新领导者更多成功的机会，所以，我更经常地和他们沟通。这样，我就能帮助他们解决问题，确保他们有成就感，这样，他们才能获得自信。

人员的责任感。 如果我知道任务交给了总能把工作做好的人，我也许要到任务完成后才检查。对于那些不太可靠的人，我可不能这么做。

我的检查方法也因人而异，例如，对待新手和老手就不一样。但无论他们跟随我多久，有一些事情我总是要做的，如：谈谈感受，评估进度，进行反馈，以及给予鼓励。

尽管少见，但我还是偶尔能遇到总是进展甚微的下属。此时，我会判断哪里出了问题。一般而言，糟糕的表现往往因为以下三个原因：工作与人不匹配；赋能或者领导不充分；实施工作的人有缺点。

在采取行动之前，我总是尝试找出问题到底是什么。我梳理事实，确定是操作出了问题，而不是我的感觉有误；然后，我尽可能辨清问题是什么；最后，我和没有参与工作的人讨论，听听另一方面的意见。

做完这些功课后，我会判断原因是什么。如果是不匹配，我就向那个人解释问题出在哪儿，然后把他调到合适的地方，并且再次表明我对他的信心。

如果涉及赋能和领导的问题，我就回到出错的步骤，把不正确的那一步重新做一遍，然后告诉那个人问题出在哪儿，并且多多鼓励他。

如果问题与他个人有关，我就和他坐下来讨论，告诉他问题所在。我会指明他的错误是什么，如何克服，然后再给他一次机会。不过，我也会同时开始做好准备，以防我不得不解雇他。我希望他成功，但是如果他没什么改进，我不会浪费时间，直接让他离开。

10. 召开定期的培训会议

即使你已经完成了对人们的训练，准备让他们进入下一个成长阶段，你仍然要召开定期的培训会议。这帮助他们不断前进、成长，鼓励他们承担起自我培训的责任。

我的培训会议包括以下内容：

好消息。我总是以积极肯定的讲话作为开始。我会肯定最近取得的好成绩，尤其注意他们感兴趣并负责的领域。

愿景。人们难免太过专心于日常职责，以致忽略了推动组织前进的愿景。我会利用会议的良机，重新展示愿景。

内容。内容取决于他们的需要。尝试把培训重点放在重点领域里或有助于他们的地方。培训应该以人为基础，而不是以上课为中心。

管理。谈谈能给予人们安全感、鼓励他们更好地领导的管理问题。

给予力量。花时间与你培养的人建立感情，亲自鼓励他们。会议结束后，人们会感到精神振奋，准备再投入工作。

整个过程会耗费大量时间，也需要你给予不断的关注。赋能比仅仅训练领导者需要更多时间和精力，但赋能关注的是长期效果，而不是短期效益。赋能不是创造跟随者，甚至也不仅仅是给团队"增加"领导者，而是不断给团队增值。正如我之前说的，只有当赋能者和新领导者挑选一个新人，由新领导者来培养之后，赋能过程才算是完成。没有继承者，就没有真正的成功。

3

第三部

迈向更高层次的赋能

06 如何激励其他人

提升价值是赋能的真正精髓。

1296年，英格兰国王爱德华一世（King Edward Ⅰ）召集重兵，跨过自己国家的边界，进入了苏格兰。爱德华是一名老练的领导者，也是强悍的武士。他高大威猛，25岁就有了第一次实战经验，此后身经百战，成为经验丰富的老将。58岁那年，他因在威尔士的胜利而将英国历史翻开新的一页。他征服了威尔士人，把他们的土地收入囊中。

爱德华对苏格兰的侵略，意在彻底摧毁苏格兰人民的意志。他设法让自己成为苏格兰的最高统治者，然后，又在该地扶植一个软弱的国王，苏格兰人叫他 Toom Tabard，意为"空斗篷"。随后，这位稻草人国王在爱德华的百般欺凌之下，终于起而反抗，这给了英格兰独裁者侵略的借口。苏格兰人大祸临头。

无畏领袖的出现

爱德华洗劫了贝里克城堡，屠杀了那里的居民，其余城堡望风而降。苏格兰国王被剥夺王权，许多人认为苏格兰将落得与威尔士同样的命运。然而，他们没想到仍有一个人在拼死奋斗，此人就是威廉·华莱士爵士（William Wallace）。即使在他死后700多年的今天，他仍然被苏格兰人尊为民族英雄。

如果你看过电影《勇敢的心》（*Brave Heart*），就会对威廉·华莱士有深刻的印象。在影片中，他是勇猛果敢的战士，尊崇自由胜过一切。他的哥哥马尔科姆（Malcolm）作为长子，有望循父亲脚步成为一名武士。而威廉像当年的许多次子一样，本来要被培养为神职人员。但在他的价值观中，自由占据了重要位置。可是，在他的父亲于一次战斗中战死、母亲流亡他乡之后，华莱士对暴虐统治者的怨恨与日俱增。在19岁时，当一群英格兰人想欺凌他时，他的斗志被激发了出来。20多岁时，华莱士成了一名善战的武士。

更高层次的人

在爱德华一世的时代，战争的实施者通常是受过训练的骑士、职业士兵，有时还会有雇佣兵。军队的规模越大，经验越丰富，战斗力就越强。当脆弱的威尔士军队面对爱德华时，他们毫无还手之力。爱德华认为苏格兰也是如此。但华莱士绝非等闲之辈。他把普通的苏格兰人吸引到自己身边，让他们相信他们是为自由而战，鼓励他们、培养他们与英格兰的职业战争机器抗衡。他扩展了他们的视野和能力。

威廉·华莱士最终没能打败英格兰人，为苏格兰赢得独立。在39岁时，他被残忍地处死了（他遭受的折磨实际上比电影《勇敢的心》中更残暴）。但他的事业被传承了下去。第二年，受到华莱士的鼓舞，贵族罗伯特·布鲁斯（Robert Bruce）宣称要得到苏格兰的王权，他不仅与农民，也与贵族结盟。1314年，苏格兰终于赢得来之不易的独立。

赋能领导者的特征

团队成员永远热爱并尊敬那些能帮助他们达到更高层次、提升他们的能力、给予他们力量、让他们获得成功的人。这样的领导者，有如下几个共同点：

1. 他们珍视团队成员

大实业家查尔斯·施瓦布说："我发现，不管地位多么高贵的人，在赞扬的氛围下，都比在批评的氛围下能更好工作、付出更多努力。"你的团队成员能感觉到你是否相信他们。一个人的成绩，通常反映了他所尊重的人对他的期望。

2. 他们珍视团队成员所珍视的东西

赋能领导者不仅珍视自己的队友，他们还知道队友珍视什么。他们善于聆听，观察队友喜欢谈论什么，看他们把钱花在什么地方。这种认识，加上与队友建立良好关系的愿望，能创造一种牢固的联系。这让领导者的下一个特点成为可能。

3. 他们提升团队成员的价值

提升价值是赋能的真正精髓，赋能者要不断想办法帮助别人提高能力，改善态度。赋能领导者带领别人进入全新的境界。

4. 他们让自己更有价值

赋能者致力于让自己更优秀，不仅是为了自己的利益，也是为了帮助别人。你不可能给予别人自己没有的东西。如果你想让团队成员变得更好，就让自己变得更好吧。

如何成为赋能者

如果你想成为有赋能力的团队领导者，请做到以下几点：

1. 在别人相信你之前，先相信他们

如果你想帮助别人，必须主动，不能犹豫。问问自己，某位团队成员有什么专长、特点和优点，然后和他，还有其他人，分享你的观察结果。如果你相信别人，帮助他建立良好的名声，就能激励他们变得比你想象的更好。

2. 在别人为你服务之前，先为他们服务

为别人提供的最有益的服务之一，莫过于帮助他们发挥潜能。在家里，你可以为伴侣服务；在公司中，帮助你的同事大放异彩。无论何时，只要有可能，把功劳和赞美留给团队。

3. 在别人提升你的价值之前，先提升他们的价值

一个名叫克里斯·格雷丘斯（Chris Greicius）的男孩梦想着成为一名警官。但在梦想的道路上，他遇到一个重大障碍，他患上了白血病，没有希望活到长大成人的时候。在8岁那年，克里斯的病情恶化了。此时，他家的一个朋友，一名美国联邦税务官员，为克里斯做了一次安排，让他尽

可能接近梦想。他给凤凰城的税务官打了电话，安排克里斯和亚利桑那州的警官一起度过一天时间。

那一天，克里斯受到三辆巡逻警车和一辆警用摩托车（由弗兰克·尚克维茨〔Frank Shankwitz〕警官驾驶）的欢迎，然后他乘坐了警用直升机。在这一天结束的时候，克里斯宣誓就职，成为第一个，也是唯一一个州荣誉骑警。第二天，考克斯（Cox）得到为亚利桑那州高速公路巡警队制作制服的公司赞助，24小时之内，他们的职员带着一套正式的巡逻队制服出现在克里斯面前。克里斯欣喜若狂。

两天后，克里斯在医院里死去，他的制服就放在身边。尚克维茨警官为这个小朋友的死感到忧伤，同时也欣慰自己能有机会帮助他。他意识到，有很多孩子与克里斯有同样的遭遇，这促使他和其他人共同建立了"许一个愿"基金。此后的20年里，他和他的组织帮助8万名儿童扩展了自己的人生体验。

提升别人生命的价值，没有比这更值得的事情了。当你帮助别人进入更高境界的时候，也让自己进入了一个更高的境界。

07 如何帮助别人发挥潜能

让正确的人去到正确的地方，这是个人和团队成功的精髓。

如果你成功地在组织中培养他人成为领导者，你就会取得成功。你为他们赋能，激励他们取得成就，他们就会对你这位领导者怀抱感激之情。然而，你仍然可以更进一步，帮助你培养的人发挥他们的潜能。你能帮助他们找到合适的位置。当团队成员能发挥潜能的时候，好事情就会发生；当团队所有成员能最大限度地发挥力量，也就是他们的天赋、技能和经验的时候，伟大的事情就会发生。这会把每一个人以及整个团队推到一个全新境界。

如果人们"不在其位"

我们每个人可能都有这样的经历，在某个团队中担任不适合自己的角色：会计整天和人打交道，篮球前锋被迫去打中锋，吉他手去弹琴，教师整天做文案工作，厌恶厨房的人要整天烹饪。

如果一个团队中有一个或多个成员经常"不在其位"，会发生什么事情呢？首先，团队无法以最佳的状态运转，士气会被消磨。人们会变得愤愤不平。由于工作领域非己所长，人们会抱怨自己的优势不能发挥。而另一些知道他们可以在更适合的岗位工作的人，则会抱怨他们的能力被忽略了。很快，人们变得不愿意团队协作，大家的信心开始动摇。情况越来越坏，团队停止了进步，竞争对手从中得利。结果是，团队潜力得不到发挥。当人们没有处在优势位置，事情就不会向好的方向发展，无论对个人还是团队，都是如此。

让正确的人去到正确的地方，这是个人和团队成功的精髓。看看位置的安排如何影响一个团队的发展动势：

- 错误的人去了错误的地方 = 退步。
- 错误的人去了正确的地方 = 难受。
- 正确的人去了错误的地方 = 迷惑。
- 正确的人去了正确的地方 = 进步。
- 正确的人们去了正确的地方 = 成功。

在这里，无论何种类型的团队，其原则都是一样的。广告大师大卫·奥美（David Ogilvy）说得好："一个运营良好的餐厅就像一支总是赢球的棒球队。它充分利用每一个成员的天赋，每一个瞬间的机会都被用来促进服务。"

几年前，有人请我写《命运与判决》（*Destiny and Deliverance*）一书的其中一章，这本书与好莱坞梦工厂的电影《埃及王子》（*The Prince of Egypt*）有密切关系。这是一次美妙的经历，我非常享受其中。在写作过程中，我被邀请到加利福尼亚州观看了电影《埃及王子》的片段，当时它还在制作当中。这让我做了一件以前一直梦寐以求的事情：参加一场好莱坞电影的首映。

我的出版人想办法为我弄到了两张首映式的票。那天，我和妻子玛格丽特一起出席了活动。这太震撼了。那是一次热闹非凡的活动，鼎鼎有名的电影明星和电影制片人都在场。玛格丽特和我非常喜欢那部电影，也喜欢这整个过程。

每个和我一起看过电影、演出或者体育比赛的人都知道我的习惯。只要一看到球赛结束，我就会冲向出口，以避开拥挤的人群，当其他观众还在欢呼时，我已经走了。那天，电影屏幕上出现致谢字幕的那一刻，我像往常一样起身离开座位。但电影院里没有一个人动。然后，真正令我吃惊的事情发生了。当致谢字幕开始滚动时，观众开始为银幕上那些鲜为人知的人喝彩，为服装设计、照明、布景、副导演等喝彩。彼时彼刻我永远难忘，这是对我最好的提醒：每个岗位都有他们发光发热的地方，这是团队运行的基础。当每个人都做最适合他的事情时，他们都是赢家。

人尽其才

美国橄榄球联盟冠军队教练文斯·隆巴迪（Vince Lombardi）说："**组织的成就是每个人努力的组合。**"的确如此。但创造一个成功的团队不仅仅需要有合适的个人。即使你拥有一群天才人物，如果每个人没有在做为团队增值的事情，团队也无法发挥最大潜能。这就是领导一个团队的艺术。你必须要让人尽其才，也就是把人们放在最合适的地方，而且，要用最积极正面的方式！

通过把人们放在最合适的地方，充分发挥他们的天赋和潜能，把他们推向更高境界，你需要做到三件事情：

1. 了解团队

如果你不了解团队的愿景、目标、文化和历史，就无法建立一个成功的团队或组织。如果你不知道团队将去向何方，以及为何它要去向那里，你就无法带领团队发挥其最大潜能。你必须了解团队现在在哪里，才能把它带向某个地方。

2. 了解现状

组织的愿景和目标也许相对固定，但现状却是随时变化的。好的团队建造者知道团队身处何地，明白现状对团队的要求是什么。例如，当一个团队还年轻，刚刚起步的时候，首要任务通常是找到优秀人才。当团队成熟了，人才水平提高了，微调就变得重要起来。这个时候，领导者必须付出更多时间保证人尽其才。

3. 了解成员

这一点看起来理所应当，但是你必须真正了解你要放到适当地方的人。我强调这点，是因为领导者倾向于让每个人符合他想象的样子，使用同样的技巧和解决问题的方式来对待不同的成员。但团队建设并非是流水线上的工作。

特蕾莎修女一生都在与他人协作。她说："你做不到的，我能做到；我做不到的，你能做到；我们在一起，就能成就大事。"当你致力于建立团队时，要了解每个人的经验、技能、脾气、态度、沟通能力、原则、精神状态，以及潜能。只有这样，你才为帮助团队成员找到正确的位置做好了准备。

你做不到的，我能做到；我做不到的，你能做到；我们在一起，就能成就大事。

————特蕾莎修女

从找到自己正确的位置开始

也许，你现在在团队中还没有权力安排别人的位置。实际上，你可能还在想，我怎么才能找到自己的优势位置呢？如果是这样，你可以参照以下指南：

- 要有安全感：我的朋友韦恩·施密特（Wayne Schmidt）说："能力再强也不能代替安全感。"如果总处于没有安全感的状态，你将会变得僵化，很难改变，无法在变化中成长。

- 了解自己：如果不了解自己的优势和劣势，就不可能找到优势位置。花些时间思考自己的天赋。请别人给你一些反馈。采取行动，消除个人的盲点。

- 相信你的领导者：好的领导者会帮你走向正确的方向。如果你不相信你的领导者，就寻找其他的导师帮助你。或者，加入另一个团队。

- 看到愿景：只有以团队的愿景为背景，你在团队中的位置才有意义。如果你寻求优势位置的动机只是个人得失，可能会让你无法发现自己真正的渴望。

● 依靠自己的经验：归根结底，你只有亲身尝试，从你的成功与失败中，才能得知你是否找到了优势位置。当发现你的位置时，你的心灵就会歌唱起来。对你而言，没有一个地方能像这个地方一样如此接近你的追求：就是这里了！

人人各得其所

在美国，有致力于让人们各得其所的组织，其中就有美国军队。现在，美国军队完全是自愿加入。如果一个军事指挥部中的任何一个部分未能最高效能地运转（并且和其他部分配合无间），巨大的损失就在所难免。

没有人比作战飞行员对此有更深切的感受了。以查理·普拉姆（Charlie Plumb）为例，他退役时是美国海军上校。他从安那波利斯的海军军官学校毕业之后，于20世纪60年代中期在越南服役，在"小鹰"号航空母舰上执行过75次起飞任务。

在航空母舰上，你能看到军事指挥部的各个部分是如何互相配合、互相支持的。航母经常被说成是一个浮动的城市。舰上有5500名工作人员，比某些海军战士出生的城镇人口还多。航母必须自力更生，它的17个部门，每一个都必须作为一个团队发挥作用、完成任务。而且，这些团队还必须组成一个大团队，协同工作。

每一个飞行员都十分清楚，飞机要上天，离不开团队的努力。几百个人使用许多技术手段，才能实现飞机的起飞、监控、后勤支持、降落和维护。如果飞机要携带武器参加战斗，还需要更多的人。查理·普拉姆确凿无疑地知道，许多人不知疲倦地工作，就是为了让他安全飞行。然而，尽管有精良的后勤团队努力工作，普拉姆的F-4"幻影"战机还是于1967年5月19日在他的第75次任务中被击落，他成了战俘，进了北越的监狱。

普拉姆度过了6年令人心力交瘁的战俘生涯。在那些日子里，他和其他战俘食不果腹、饱受煎熬。但他没有被这些经历打倒。他说："对上帝的信仰，让我们团结起来，给了我们巨大的力量，让我们熬过那些艰难时日。"

转折点

1973年2月18日，普拉姆被释放，继续他的海军生涯。然而，他回到美国几年后与一个人的一次偶遇，在他生命中的意义绝不亚于出狱。一天，他和妻子凯茜（Cathy）在餐馆吃饭，一个人走到他们桌前说："你是普拉姆。你在越南驾驶喷气战斗机。"

普拉姆说："没错，的确如此。"

那个人接着说："你是'小鹰'号第114飞行中队的。你被击落了，跳伞后落入敌人手中，做了6年战俘。"

普拉姆大吃一惊，打量着那个人，想认出他是谁，却毫无头绪。他终于发问了："你到底是怎么知道这些的？"

"我当时负责叠好你的降落伞。"

普拉姆差点打了个趔趄，他唯一能做的就是尽量站稳，握着那个人的手。终于，他说："我必须告诉你，我祈祷了很多次，感谢你灵巧的双手。但我没想到能有机会当面向你说谢谢。"

假如在越南战争中，海军在伞具操作员——这个默默无闻、难得收到感谢的工作岗位上——安排了错误的人，会发生什么事？查理·普拉姆不会知道，因为为时已晚。我们甚至不知道问题出在哪儿，因为普拉姆不可能活下来告诉我们。

现在，查理·普拉姆作为一名励志演讲者，在《财富》500强企业、政府和其他机构发表演讲。他常常讲到那个叠降落伞的人的故事，以此说明团队协作的意义。他说："在这个世界上，企业规模压缩迫使我们必须以少博多，我们必须增强团队的力量。'叠好别人的伞'关乎生死，决定着你和你的团队的存亡！"

如果你想为你的手下"叠降落伞"，那就在培养他们之后，再为他们找到适宜成长的优势位置。这是为他们赋能的最好方式。他们将会发挥潜能，你的团队也将进入一个全新境界。

ATTITUDE

态度篇

商界、专业领域、教育界、政府以及家庭中的真正领导者，似乎有着一种特殊的优势，将其与其他人区别开来。赢家的优势不是天生的，也不在于高智商。赢家的优势在于态度，而非天分。

——丹尼斯·魏特利

REAL SUCCESS

麦克斯维尔成功启示录

1. 态度关乎一个人的真我，这会漫溢到他的行为当中。

2. 让人们分心的不是今天的局面，而是昨日产生的悔恨与悲痛，以及明天可能带来的恐惧。

3. 每个成功者都失败过，但他从不视自己为失败者。

1

第一部

态度的影响力

01 态度如何影响领导力

态度永远是你团队中的"一员"。

一直以来，我都热爱篮球。一切都始于我四年级时，当时我第一次看到一场中学篮球比赛，开始为它着迷。在那之后，我经常在家里后院练习投篮，参加五人制的篮球赛。

上高中的时候，我已经成为一名相当优秀的球员。我在高一加入二队，高二的时候，我们的队伍曾创下15胜3负的纪录，那比校队的成绩还要好。我们为自己的表现感到骄傲，但或许有点太过自负了。

第二年，关注俄亥俄州中学篮球的评论家认为，我们这支队伍有希望在这一组制中赢得州冠军。事实上，我们的确拥有许多优势。在20世纪60年代末，有多少中学代表队能宣称队里几乎所有的球员都能灌篮？然而那个赛季的结果，却出乎所有人的预料。

从差到更差

赛季一开始，我们的队伍就碰到了问题。校队中有两名低年级球员有能力出场：约翰·托马斯（John Thomas），他是队里的最佳篮板球员；另一个则是我，最佳得分后卫。我们都认为能否上场应完全以能力为考虑，而我们也以为自己在队里的位置是实至名归。那些顶替去年高年级生的学长们则认为，我们应该谨守自己的本分，当个板凳球员。

一年来，二队和校队之间产生的对抗，演变成一场低年级生和高年级生之间的大战。在训练当中，低年级生和高年级生互不相让。而在赛场上，双方都不愿意把球传给对方。这场战争如此激烈，最后双方甚至不愿意在比赛球场上合作。我们的教练丹·尼夫（Dan Neff）不得不采用替换小组的办法。高年级生先上场，而当需要替换球员时，他会安排五名低年级球员上场，而非一名。我们变成一个团队中的两个队伍。

我不是很确切地记得谁是团队分化的始作俑者，然而我清楚地记得，约翰·托马斯和我很早就卷入了这件事。我一直都是一个领导者，而且我会影响队里的其他队员。我必须很遗憾地承认，我将低年级生带到错误的方向上去了。

一两名球员一开始的不良态度，会毁掉所有人的状态。到了我们的赛程满档的时候，即使是不愿涉入敌对关系的球员也都受到了影响。那个赛季是一场灾难。最后，我们没有发挥出自己的潜力，以很一般的成绩结束了赛事。你可以从这件事情看出，恶劣的态度会毁了一个团队。

光有天分是不够的

中学的篮球经历让我知道了，想为一支队伍带来成就，光靠天分是不够的。当然，你需要天分。我的朋友鲁尔·豪斯（Lou Holtz）是一名杰出的大学橄榄球教练，他表示："你必须有优秀运动员才能得胜……没有好的球员你就无法赢得球赛，然而这些好球员也会让你输掉比赛。"要取得胜利，所需要的不仅仅是具备天分的人才。

我中学的队友们都有天分，但如果那就足够了的话，我们早就是州冠军了。可是我们的态度妨碍了我们成功。天分和态度之战，最后谁是赢家，这是显而易见的。或许那就是现在我能充分了解正确态度的重要性，且对自己、我的孩子，以及我所领导的团队反复强调这一点的原因。

球员良好的态度，并不能保证一支队伍的成功，然而不良的态度却一定会导致失败。以下有关态度的5个事实，表明态度如何影响一个团队：

1. 态度能成就或毁灭一个团队

在《赢家优势》（*The Winner's Edge*）一书中，丹尼斯·魏特利（Denis Waitley）表示："商界、专业领域、教育界、政府以及家庭中的真正领导者，似乎有着一种特殊的优势，将其与其他人区别开来。赢家的优势不是天生的，也不在于高智商。赢家的优势在于态度，而非天分。"

很遗憾，有太多人不赞同这样的见解。他们宁愿相信，只要有天分（或者经验加上天分）就足够了。然而因为成员态度的关系，无数有天分的团队从未取得任何成果。

不同的态度会对一个拥有高天分成员的团队产生不同的影响：

能力　　+　　态度　　=　　成果

- 伟大的天分 + 糟糕的态度 = 糟糕的团队
- 伟大的天分 + 不良的态度 = 一般的团队
- 伟大的天分 + 一般的态度 = 良好的团队
- 伟大的天分 + 良好的态度 = 伟大的团队

如果你想要取得杰出的成就，你的团队就需要有优异才能加上绝佳态度的成员。

2. 态度具有感染力

团队中有几种东西不具感染力：天分、经验等。然而有一样必定有感染性，那就是态度。当团队中有某个人愿意学习，且他的谦逊使他有所进步，其他人就有可能表现出类似的特点。当一个领导者能乐观面对令人沮丧的境况，其他人会欣赏这样的特质并且想模仿他。当一名团队成员表现出良好的职业道德，且开始拥有积极的影响力时，其他人就会效仿他。人们会受到周围人的激励，学习他们的心态、理念和处理问题的方式。

罗杰·班尼斯特（Roger Bannister）的故事就是一个激励人心的范例。20世纪上半叶，许多体育专家认为，没有任何运动员能在4分钟之内跑完1英里（约1.6千米）路，他们的推论很长时间都是正确的。直到1954年的5月6日，一个英国大学生——罗杰·班尼斯特，在牛津大学的一场比赛当中，以3分59.4秒的时间跑完1英里。在不到两个月后，澳洲人约翰·兰迪（John Landy）也打破了4分钟的纪录。接着，突然间，有数十人，然后是数百人也突破这一极限。为什么？因为这些跑步者的态度改变了。他们开始受到同行的心态和信念的影响。

当班尼斯特将他的态度和行动展现在世人面前时，两者都被放大了。他的态度传播开来。今天，每一个参加这一距离比赛的世界级跑步者，都能在4分钟内跑完。态度是有感染力的！

3. 不良态度滋长的速度，比良好态度更快

只有一种东西的感染力会胜于良好态度，那就是不良态度。基于某些原因，许多人甚至认为负面是一种时髦。我猜想他们觉得那会让自己看起来很聪明，或很重要。然而事实上，负面态度会伤害而非帮助有这种想法

的人，同时也会伤害他身边的人。

如果要了解一种态度或心态传播的速度有多快或多容易，只要看看这个故事：有一次，在一场橄榄球赛中，一名急救站医生在治疗5个他怀疑可能是食物中毒的人。他很快发现，这5个人都在球场的同一个小摊买了饮料。

这名医师要求广播人员建议观众不要去那个小贩那里买饮料，因为恐有食物中毒之虞。很快，超过200人宣称有食物中毒的征兆，而有将近一半的人病症严重到必须要送医院。

不过，故事还没有结束。经过进一步的检查后，人们发现原来5个食物中毒的人曾经在前往赛场的路上去过一家餐馆吃了受污染的土豆沙拉。当其他的"患病者"发现球场上的饮料是安全的时候，他们都奇迹般地康复了。这个故事要告诉你的是，不良态度传播的速度有多快。

4. 态度是主观的，因此要判断出错误的态度并不容易

你是否曾经有过这样的感受，和某个人第一次打照面就觉得他态度不佳，然而却无法指出究竟是什么问题？我相信许多人都有这样的经历。

态度关乎一个人的真我，这会漫溢到他的行为当中。

人们之所以会有对他人态度的怀疑，是因为态度是主观的。一个态度不佳的人或许不会做出违法或不道德的事情，然而他的态度可能会毁掉一个团队。

人们内心的感受，总是会被反映到外在。态度关乎一个人的真我，这

会漫溢到他的行为当中。让我与你分享破坏一个团队的恶劣态度的几种情况，好让你在看到这样的情形时能够明辨。

不承认错误。你是否曾经和从不承认错误的人相处过呢？那是很痛苦的事情。没有人是完美的，那些自认为完美的人，肯定不会成为一名理想的队友。他的错误态度会不断制造冲突。

不原谅。据说现代护理的奠基者克拉拉·巴尔顿（Clara Barton）一度被朋友劝告，去控诉早年虐待她的人的罪行，然而巴尔顿不愿那么做。

朋友提醒她："难道你不记得发生在你身上的那些恶行？"

"是的，我确定，我已经把那件事遗忘了。"巴尔顿回答。

怀抱怨恨绝对不是正面或恰当的态度。当成员互相之间无法原谅，这对团队绝对是伤害。

心胸狭隘的妒忌。这种要求绝对平等的态度会伤害一个人，导致心胸狭隘。基于某些理由，抱有这种态度的人认为，每个人都应该得到相同的待遇，无论其天分、工作表现或影响力有何不同。但事实并非如此。我们每一个人生来都与众不同，也有着不同的表现，因此我们应该以不同的方式被对待。

以自我为中心。NBA传奇教练帕特·赖利在他的著作《迈向巅峰》（*The Winner Within*）当中提及"以自我为中心"的弊病。他谈到，有这种情况的队员，他们不顾一切地强调自我的重要性，他们的行为事实上表现了这样的主张："我就是主角。"赖利认为，这个毛病无可避免地导致一种结果，那就是"我们的失败"。

吹毛求疵。弗雷德（Fred）与玛莎（Martha）在教会礼拜结束后开车回家。玛莎问道："弗雷德，你注意到了今天牧师的讲道有些乏味吗？"

"还好啊。"弗雷德回答。

"你不觉得唱诗班唱得实在不怎么样吗？"

"没有。"他回答。

"那你一定注意到了我们前面的那对年轻夫妇和他们的孩子，在整个礼拜上制造的那些噪音！"

"很抱歉，亲爱的，我没留意到。"

最后玛莎不耐烦地说："说实在的，弗雷德，我不晓得你为什么还要上教会？"

当团队中某个人有吹毛求疵的脾气，大家都会发现，因为团队中谁也别想做对什么事。

霸占所有功劳的欲望。另一个伤害团队的不良态度与"以自我为中心"类似，不过有这种倾向的人可能会先在背后酝酿，制造冲突，然后不断地邀功，无论功劳是否是他的。他的态度和NBA名人堂中锋比尔·罗素（Bill Russell）的态度相反，罗素曾经这样说过他在球场上的时光："衡量我在球场上表现的最重要的标准，就是我让其他队员进步了多少。"

当然还有其他我未提及的消极态度，不过我并非要将所有不良态度列举在此，我只是列举一些最常见的。简而言之，大部分的消极态度都源自于自私。如果队友在批评其他人、破坏团队合作，或者自认自己的重要性胜于整个团队，那么你就可以确定这是一个态度不佳的人。

5. 如果对恶劣的态度视而不见，它会破坏一切

不良态度必须被指出来。这些态度一定会在一个团队中引起争执、愤怒和分裂。如果对其视而不见，它们绝不会自动消失。这些态度会彻底恶化和摧毁一支队伍，同时也会破坏这个团队发挥潜力的任何机会。

态度不佳的人难以对付，而且态度似乎是很主观的事，所以当你遇上一个态度不良的人时，或许会质疑自己的反应。毕竟，你只是认为他的态度恶劣，但是你无权处置它，对吗？不，如果你在乎这个团队，就不一样了。恶劣的态度会摧毁一支队伍，这是不变的真理。如果你在一桶好苹果中放了一个烂苹果，你最后一定会得到一整桶的烂苹果。态度总是会影响

一个领导者的成效。

美国前总统托马斯·杰斐逊曾说："任何事情都无法阻止一个有正确心态的人去达成他的目标；反过来，也没有任何事情能帮助一个有错误心态的人。"如果你在乎你的团队，想要帮助所有成员，你就不能忽略任何一种不良态度。

对付一个态度不佳的人确实是一件相当棘手的事情。在你尝试处理这件事之前，你不妨更仔细地审视一下"态度"，看看态度如何影响一个人。

02　态度如何影响个人

> 你的态度和你的潜力息息相关。

什么是态度？你如何理解态度？态度是一种由行为展现出来的内在气质。所以，态度不需通过言语就能被察觉。我们都能注意到，生气的人会板起脸孔，下定决心的人会扬起下巴。在我们"穿戴"的所有东西中，表情是最重要的部分。

有时我们的态度可以伪装，他人会因此被欺骗。然而通常那样的掩饰持续不了太久，态度总会不停挣扎着露出尾巴。

我父亲很喜欢讲自己4岁时那段调皮捣蛋的故事。我的祖母在斥责过他之后，对他说："儿子，你现在给我坐到那张椅子上去！"小男孩走向椅子，坐在上面，说："妈妈，我表面上是坐着，可是我的内心是站着的！"

心理学家、哲学家詹姆斯·艾伦（James Allen）表示："一个人无法内心汹涌而外在平静。"我们内心的变化很快会影响到外在的表现。冷酷的态度是一种可怕的病症，它会导致心胸狭窄。当我们的态度是积极且有助于成长的，我们的心智就会扩展，改变就会发生。

态度决定成败

当我在南卡罗来纳州主持一场研讨会时，曾尝试以下的实验。我问听众："我们的幸福、平静和成功的决定因素是什么?"听众开始提出类似工作、教育、金钱和时间这些字眼。最后，终于有一个人说是态度。人生中如此重要的东西，对他们来说却是次要的。要知道，我们的态度是决定我们成败的首要因素。

有些人认为，每个机会中都隐含困难，另外一些人则认为每个困难中都隐含机会。态度能造就一些人，也能摧毁另一些人。以下6条有关态度的原则，能帮助你更好地了解态度如何影响一个人的生活。

1. 我们的态度决定我们的处世方式

我们的态度告诉我们可以从人生中期待什么。就像一架飞机，如果机头朝上，我们就会起飞;如果它朝下，我们或许就会坠毁。

有一则故事我很喜欢，是关于一对去看望孙子的爷爷奶奶。每天下午，爷爷都会躺下来小睡一下。有一天，孩子们策划了一场恶作剧，在爷爷的小胡子上放林堡干酪(以臭味闻名)。很快，爷爷就用力吸着鼻子醒了过来。"奇怪，这个房间真臭。"他一边叫嚷着一边起身，然后走到厨房去。他没有在厨房待太久，因为他发现厨房也一样臭，因此他走到外面去呼吸新鲜空气。然而，室外的空气并没有让他更舒服，于是他说:"这整个世界都臭死了!"

这对于人生来说是多么真切的道理!当我们的态度中带着"林堡干酪"时，整个世界闻起来都是臭的。我们每个人都要为自己的人生观负责。正如俗语所说的:"种瓜得瓜，种豆得豆。"我们对生命的态度，决定了发生在我们身上的事情。

因为不良态度而损失的工作机会、错失的升迁机会、无法完成的销售量和破碎了的婚姻，多得无法估计。然而几乎每天我们都会看到，有人从事着自己讨厌的工作，维持着并不幸福的婚姻，都是因为他们在等待着别人或者这个世界改变，而没有意识到他们应该对自身的行为负责。

2. 我们的态度决定与他人的关系

生命中的一切都会被你的人际关系所影响，然而建立人际关系不是件容易的事情。你也许无法和某些人相处，可是缺少了他们，你又无法成功。这就是要在这个拥挤的世界与他人建立恰当关系的原因。

斯坦福研究所（Stanford Research Institute）认为，成功只有12.5%取决于知识，而有87.5%取决于你处理人际关系的能力。

这也就是为什么美国前总统西奥多·罗斯福（Theodore Roosevelt）说："成功公式中最重要的一个要素是了解如何与人相处。"而约翰·D.洛克菲勒（John D.Rockefeller）也认为，"我对人际关系的付出，远远多于我对世界上任何其他东西的付出"。

当我们的态度是将他人摆在第一位，我们的视角将会反映出他人的见解，而非我们自己的看法。如果我们不设身处地为他人设想，且以他人的眼光来看待生活，我们都会像这个男人一样，和别人的车子擦撞之后气愤地跳出车外。"为什么你们这些人不小心开车？"他粗暴地叫嚷着，"你是今天撞到我的第四辆车了！"

在组织中脱颖而出的人通常都有着良好的态度。工作上的晋升不会让人产生好的态度，然而好的态度却能带来晋升的机会。

3. 我们的态度通常是成功与失败的唯一区别

历史上最伟大的成就是由那些在他们的领域中只超越大多数人一点点的人创造的。这就是所谓的微小优势原则。很多时候，这微小的差异就是态度。以色列前总理果尔达·梅厄（Golda Meir）在一次访问中强调了这个真理。她说："我的国家所拥有的就是精神。我们没有石油美元；我们地底下没有丰富的矿产；我们没有对我们有好感的国际舆论支持。以色列所拥有的就是人民的精神。而如果我们的人民失去了他们的精神，即使美国也无法拯救我们。"

天分对我们的人生成就而言确实很重要。然而成功或失败更多是内心的态度所决定的，而不是单纯的天分决定的。我记得我太太玛格丽特作为老师，以前经常心情沮丧地从学校返家，因为现代教育强调天分而非态度。她要求孩子们接受AQ（态度）测验，而不要仅进行IQ（智力）测验。她经常谈到那些智商很高却表现不佳的孩子。还有些孩子的智力一般，不过表现却很出色。

身为父母，我希望我的孩子拥有杰出的才智与优异的态度。不过如果我只能二选一，我会毫不犹豫地选择后者。

多年前，耶鲁大学的校长给俄亥俄州立大学前校长类似的建议："要好好对待你的A级学生和B级学生，有一天，他们其中一位可能会以杰出教授的身份回归校园。同时也要善待C级学生，有一天，他们其中一位可能会重返校园兴建一座价值200万美元的科学实验室。"

人们之间的差异很小，然而微小的差异，却会造成极大的区别。这个微小的差异就是态度，而这极大的区别就是成功和失败。

4. 开始时的态度将会是影响结果的关键

教练们都知道，他们的队伍在面临强硬对手时，提前摆好心态是很重要的。外科医师会希望他的患者在进行手术前已做好充分的心理准备。求职者在应聘时明白，他们未来的老板要求的不只是技术。公众演说家希望他们与听众谈话之前，能创造一种和谐的氛围。为什么？因为开始时候的正确态度能保证最后的成功。结果很重要，而更重要的是开头。

大部分计划在开始之前就注定失败或成功。一名年轻登山者与一名资深领队在攀登一座雪山。一天清晨，年轻的登山者突然被巨大的爆裂声惊醒，他以为世界末日来了。领队说："这不是世界末日，只是新一天的破晓罢了。"那是太阳升起时阳光洒在冰山上导致冰块融化而已。

很多时候，我们都会错将自己未来的挑战视为人生的夕阳，而非新契机来临时的日出。

有一则两个卖鞋的销售员的故事说，他们被派到一座岛上去卖鞋。第一个销售员一到岛上就很惊讶地发现没有人穿鞋子。他报告说："明天返回公司。这里无人穿鞋。"

第二个销售员也同样惊讶，但他很快向芝加哥总部报告说："请运给我一万双鞋子。这里每一个人都需要穿鞋。"

5. 我们的态度能将问题转化为成果

在《醒来吧，我的心》（*Awake, My Heart*）一书中，J.席德洛·巴克斯特（J.Sidlow Baxter）写道："困难和机会之间有什么差异呢？就是我们的态度。每个机会都包含着困难，而每个困难都蕴藏着机会。"

当面临困境时，有着良好态度的人会将最坏的情况转化为最佳的成果。人生就好比是一块磨石，它能折磨你或磨炼你，就看你是什么样的材料。

当面临困境时，有着良好态度的人会将最坏的情况转化为最佳的成果。

在参加一场青年领袖的会议时，我听到了这样的见解："没有一个社会曾经在平静的时代造就伟人。"逆境，对于拥有绝佳态度的人来说是一种助力。风筝逆风而上而非顺风。当批评的逆风吹起，你要让它成为吹向风筝的一阵疾风，让自己成为风筝，飞得更高。风筝要有绳子的约束拉力才能飞翔。人生也是一样。让我们思考以下凭借正面态度而获得成功的例子。

- 当拿破仑的同学因为他卑微的出身和贫穷而取笑他时，他将自己完全投入书本中。很快，他在学业上遥遥领先，赢得了同学的尊敬。不久之后，他就被视为班上最聪明的学生。

- 在林肯于南北战争中展现他的才能之前，鲜有人了解他。

- 《鲁滨孙漂流记》是作者在狱中撰写的。

- 约翰·班扬（John Bunyan）是在监狱中写了《天路历程》（*Pilgrim's Progress*）这本书。

- 沃尔特·罗利爵士（Walter Raleigh）在一段13年的牢狱生活中撰写了《世界历史》（*The History of the World*）。

- 当马丁·路德·金被囚禁在瓦特堡城堡里时，翻译了《圣经》。

- 《神曲》作者但丁在10年流放以及被判死刑期间完成该作品。

- 贝多芬在几乎完全失聪，且充满悲伤的情况下创作出他最出色的作品。

当上帝要教育某个人，它不会将这个人置于顺境，而是会将他置于困境。在危急关头，伟大的领袖会出现。在成功者的生命中，充满着迫使他们从平凡中崛起的悲惨遭遇。他们不仅找到了答案，也发现了自己体内无尽的能量。大卫・萨尔诺夫（David Sarnoff）说："墓地里满是安全感，而我渴求的则是机会。"

6. 我们的态度能带给我们独辟蹊径的积极视角

一种与众不同的积极视角能协助我们完成某些不寻常的目标。我曾经很仔细地观察一个积极思考者以及一个充满恐惧和忧虑的人做事方法和达成的成果的不同。正如前文的故事中，在古以色列，当哥利亚出现在以色列人面前时，士兵们都想，他是如此庞大，我们不可能杀得了他。而大卫看着同一个巨人，心想，他是如此庞大，我可不能错过他。

穆迪圣经学院（Moody Bible Institute）前校长乔治・史威亭（George Sweeting）讲述了一个苏格兰人的故事。他是一个辛勤工作的人，同时他也期望底下所有的人都能像他一样努力。人们开玩笑地说："苏格兰佬，你不知道罗马不是一天建成的吗？"他回答道："我知道啊，但那个工程不是我负责的。"

那些以积极的态度待人处世的人，不一定都能被人理解。换句话说，他们不像大部分人一样，接受一般生活的限制。他们不愿意只是因为某些事情"已经被人接受"而去接受那些事情。对于自我设限，他们的反应可能会是"为什么呢？"而不是"好吧"。当然，他们也有限度。他们的天分并不是多到让他们从不遭遇失败。然而在接受挫败之前，他们坚持要先发挥自己的潜力，去开发最大的可能性。

我在俄亥俄州的一个朋友为一家货运公司开十八轮大卡车，每个星期要开数千英里的路程，有一次我问他，他如何让自己避免陷入极度疲劳。他回答说："这跟你的态度有关。有些司机是一大早'去上班'，可我是'去乡下兜兜风'。"这种积极的想法赋予了他人生的优势。

我们每一个人都应该记住的教训是，恶劣态度会引领我们去到自己不想前往的地方，有时候它甚至会让你完全离场出局。而另一方面，良好的态度则会让你发挥最佳潜力。

　　或许你不确定自己的态度是否正确，可能你正在领导态度不够正面的人。你该如何处理？首先，你应该知道一个人的态度是如何形成的。那正是下一章的主题。

2

第二部

态度的形成

03 哪些因素影响一个人的态度

> 态度由许多因素构成——然而有更多因素来源于态度！

态度并非凭空形成的。人生来就会拥有某些独特性，这会影响到他们的态度。在生活当中，还有一些因素占有更重要的地位，并且构成人们的态度。一般来说，这些因素会持续影响人们，它们会在以下的这些人生阶段产生不同的影响。

阶段	因素
● 出生前	与生俱来的性格、性情
● 出生	环境
● 1—5岁	文字表达
	成人的认可、肯定
● 6—10岁	自我形象
	接触新的经验
● 11—20岁	同龄人、外表形象等

● 21岁以后　　　　　　婚姻、家庭、工作、成就、他人
　　　　　　　　　　　的评价

性格——我是谁

所有人生来都是独特的个体。即使是拥有相同父母、生活在相同环境、接受相同教育的两个孩子，也会有所不同。这些相异之处造就了我们所享受的"人生趣味"。就像那些看起来都一样的房子一样，如果我们所有人都拥有相似的性格，我们的人生旅程必定相当乏味。

一般来说，拥有某些性情的人会形成与此性情相关的特定态度。

有一则故事，讲的是两个男人一同出游钓鱼，开始讨论起自己的妻子。其中一个男人说："如果所有男人都像我一样，他们一定都会想娶我的妻子。"另一个男人则说："如果他们都像我一样，就没有人会想娶她。"

一种态度会伴随着一种性格类型。一般说来，拥有某些性情的人会形成与此性情相关的特定态度。几年前，畅销小说《末日迷踪》（*Left Behind*）的联合执笔作者提姆·拉赫（Tim LaHaye）在一次演讲中论述了四种基本性格。我注意到，拥有他所谓的力量型性格的人，通常会表现出坚持不懈和进取的态度；一个活泼型的人通常会比较积极且专注于生命中的光明面；一个完美型的人有时会有负面的态度；而一个和平型的人则倾向于认为"易得者亦易失"。每一个人的性格中都包含了这些态度，当然也会有

例外。不过，我们一般可借由观察一个人的态度来辨别一个人的性格特点。

环境——我周围的一切

与我们的性格或其他遗传特征相比，我相信环境在我们的态度形成中是一种更为强大的决定因素。在我组成家庭之前，我太太玛格丽特和我曾决定领养一个孩子。我们要给本来无法拥有一个充满爱与信赖的家庭的孩子一个机会。尽管这个孩子或许长得不像我们，但他必定会在我们所营造的环境中被塑造。

幼年所处的环境会塑造一个人的信念系统。孩童不断从他们的环境中找到优先次序、态度、兴趣和人生观。事实上，一个人真正相信的事情会影响他的态度，然而他所相信的一切未必是真实的。一个人相信的一切或许并不健康，甚至还可能伤害他人或摧毁自己。不过信念依然会强化一种态度，不管这个信念是否正确。

环境是我们信念系统的第一影响因素，因此态度的基础在于我们成长的环境。

文字表达——我所听到的一切

你一定听过这句古语："棍棒、石头可能打断我的骨头，但话语绝不会伤害我。"千万别相信这句话！事实上，身体的苦痛给人带来的伤害，远不如伤人的字眼所带来的内心痛苦那么持久。

几年前，当我主持一个教会的时候，在一次工作会议上，我请那些在童年时曾经因为某个人的话语而深受伤害的人举起手来。结果，所有人都举起了手。一名牧师回忆起他在学校时坐在读书会当中的情景。轮到他念的时候，他将"摄影"（photography）这个词的音发错了，他念成 photography 而不是 pho-tog-ra-phy。老师纠正他的发音，引起全班哄堂大笑。即使过去了 40 年，他依然记得当时的情景。那次经历的正面影响就是，从那一刻起，他决心要练习正确的发音。今天，他脱颖而出成为一名演说家，当时的决心是他最大的动力之一。

成人的认可和肯定——我所感受的一切

通常在我和领导人谈话时，我会强调认可以及肯定他们所带领的人的重要性。

回想一下你们在学校的时光。谁是你最喜欢的老师？现在想想，你为什么喜欢他？或许你最开心的记忆来自一个接受和肯定你的人。我们很少会记得老师告诉过我们什么，但我们一定不会忘记他们是如何疼爱我们的。在我们明白一个道理之前，我们总是先渴求被了解。在我们遗忘了这个道理很久之后，我们仍然记得被接受或被否定的感觉。

我在工作中经常会问人们，他们是否喜欢上个星期牧师的布道。在得到了正面回应后，我会问："他的主题是什么？"有七八成的人都忘记了布道的主题。他们不记得确切主题，不过他们会记得当时的气氛和所传达的态度。

我童年时期最喜欢的主日学校老师就是最好的例子。首先是我二年级的老师凯蒂（Katie）。当我因为生病而缺席时，她会在星期一来我们家探望我。她会问我感觉如何，然后给我价值 5 美分的小玩意儿，那对我来说就是价值百万的东西。凯蒂会说："约翰，你来上课的时候，我总会教得更好。你下礼拜天早上来上课的时候，可不可以举手让我看到你来了？这样我才能教得更好。"

我依然记得我高高地举起手时凯蒂对着我微笑的样子。我也记得其他孩子举起他们的手来。她的课堂人数增长飞快，以至于后来学校负责人不得不决定拆班。他问谁自愿去新的班级，没有人举手。没有小孩愿意去跟新老师，而错过充满爱心的凯蒂。

另一个老师是葛兰·利泽伍德（Glen Leatherwood）。他在教会中教中学男生。你曾经教过一群一刻也闲不下来的男孩子吗？所有老师都会想方设法避开那个班，不过葛兰可不这么想。他花了30多年时间指导中学男生。在他班上的那12个月，对我的信仰和人生都产生了深刻影响。

我也很幸运地成长在一个给予我肯定的家庭。我从未怀疑过父母的爱与他们对我的认可。他们不断以行动和言语证明他们的爱。在我们自己的孩子的成长过程中，我和玛格丽特尝试为他们创造同样的环境。我们的孩子一天至少有30次机会感受到来自父母的接受和肯定。今天我可以说，我的孙儿们得到的几乎是他们父母的两倍。

自我形象——如何看待自己

我们的行为通常直接反映出我们的自我形象。不改变内心想法而只是改变外在行为是很困难的。

我的女儿伊丽莎白比较腼腆，在新的体验面前会有所退缩。然而，一旦她准备好直面某一种情况，就会全力以赴。一年级的时候，她的学校举办了棒棒糖推销比赛。每个孩子都分到30支棒棒糖，他们要接受挑战，将所有棒棒糖都卖出去。当我到学校去接伊丽莎白的时候，她正握着手上的"挑战品"，她需要一些正面的鼓励。我们家的女推销员新手需要一堂销售课。

在回家的路上，我教她如何卖棒棒糖。我教她每一项要点时，都会加上一些像"你可以做到，你的微笑会赢得顾客的心，我相信你"之类的话。在我们15分钟路程的最后时刻，我旁边的小淑女俨然变成了一位迷人且专注的女推销员。就这样，她带着一边吃着棒棒糖一边宣称这是他觉得最好吃的棒棒糖的弟弟乔，去找附近的街坊。

那天结束的时候，30支棒棒糖都卖光了，伊丽莎白的心情也好极了。我永远不会忘记那晚我哄她睡觉时她做的祈祷："神啊，感谢你赐给我们棒棒糖推销比赛。那真是太棒了！神啊，保佑我得到冠军吧。阿门。"

伊丽莎白的祷告反映出每个人心中的渴求。我们都想要成为赢家。不出意料，伊丽莎白第二天带着另一盒棒棒糖回家了。大考验来了！她用完了友善的邻居这项资源，不得不面对陌生买主的残酷世界。我们到购物中心卖棒棒糖时，伊丽莎白承认心里开始恐惧。我再次鼓励她，教她更多推销技巧，告诉她该去哪里卖，然后又重复鼓励她。她做到了。这次的经历包含了两天的销售，两项销售一空的成绩，两个快乐的人和一个大大提高的自我形象。

我们如何看待自己，反映出他人如何看待我们。如果我们有自信，其他人也会有更大的可能喜欢我们。自我形象为我们态度的形成定下了基调。我们永远不会超越对自己的真实情感能够掌握的区域。只有当我们的自我形象足够坚定，才有可能去探索那些"新的版图"。

面对新的经验——成长的机会

法国哲学家、文学家伏尔泰将生命比喻成一场牌局，每个玩家必须接受发给他的牌，但一旦这些牌发到人们手中，他们就能自己决定在牌局中如何运用这些牌。

我们手中总会有一些机会，我们必须决定是否要冒险去运用这些机会。人生没有什么事情比新的经验更能造成压力，却同时提供更多成长机会的了。

如果你身为父母，你会发现，要避免让孩子接触可能是负面的新经历，是不可能的。因此，有必要让孩子准备好，凭着正面的自我形象和足够的信心来对付负面的新经历。正面和负面的经验，都可以帮助孩子面对人生的挑战。

当孩子经历的新事物不太正面的时候，他们就需要再三的安慰和赞美。事实上，越是负面的经历，他们越需要更多的鼓励。有时候，他们会因为我们的泄气而泄气。以下是一个值得借鉴的模式：

● 新经验＋教学应用×爱＝成长

和同龄人交往——影响我的人

别人对我们的认知会影响我们对自己的认知。我们经常会对他人的期待有所回应。当孩子们上学的时候，这个道理就更为真切了，因为这个时候，父母已不再能控制孩子所处的环境。

我的父母明白这个道理，因此他们总是帮助我们维持良好的同辈关系。他们的策略是，在家中营造能吸引朋友的氛围，那也意味着要牺牲他们的金钱和时间。他们提供给我们乒乓球桌、台球桌、弹珠台、化学仪器、篮球场以及所有你能想象到的其他娱乐器材。我们还有一个身兼观众、裁判、顾问、仲裁人与粉丝多职的母亲。

朋友们来玩，通常一次会有20到25个人，各种体型、身材与肤色的孩子都有。大家都玩得很开心，而我的父母也会观察我们的朋友。有时候当这群人离开后，父母会问起其中某个朋友。他们会开放地讨论他的语言和态度，然后告诉我们不要像他那样行事。现在回想起来，我小时候的大部分主要决定，都受到我父母的教导以及他们对我朋友们的观察的影响。

纽约洋基棒球队经理凯西·史坦格（Casey Stengel）熟知伙伴之间的关系对球员态度的影响。当比利·马丁（Billy Martin）任职新球员经理的时候，凯西给了他一些建议。马丁回忆道："史坦格说，你队里有 15 名球员会为你攻城略地，有 5 个人将会恨你，另外还有 5 个人会犹豫不决。当你为他们安排宿舍时，要将那些失败者安排在一个房间。绝对不要将好球员与失败者放在一起。那些待在一起的失败者会抱怨经理，但如果你隔离他们，那种情况就不会扩散。"

《美妙人生》（*Life Is Tremendous*）一书的作者、积极思维大师查理·琼斯（Charles Jones）说："**你 5 年以后的样子，取决于你阅读什么，以及你和谁相处**。"这值得我们所有人谨记。

外表——我们在他人眼中的样貌

我们的外表在态度的形成上也扮演着重要角色。人们为了拥有"时尚外表"而承受了莫大压力，而这种时尚的外表似乎就是公认的标准。你看电视的时候，留意一下广告是多么强调外表，留意有多少广告宣传衣物、饮食、运动以及所有有关身体魅力的事情。这些都会影响我们对自己价值的认知。

更棘手的情况是，他人也以我们的外貌来判断我们的价值。最近我读到一篇商业文章这样叙述："我们的外表吸引力有助于决定我们收入的多寡。"举例来说，文章当中的研究报告显示，6 英尺 2 英寸（约 188 厘米）的男人与 5 英尺 10 英寸（约 178 厘米）的男人，薪资就有明显的差异。个子较高的男人一般会有较高的薪水。不管你承不承认，外表（以及人们对它的感知）的确会影响一个人的态度。

婚姻、家庭和工作——我们的安全感与地位

在我们迈入 20 多岁的时候，新的因素开始影响我们的态度。这个岁数

正好是大部分人展开职场生涯的时候，通常人们这时候也已经结婚，这意味着会有另一个人影响我们的视角。

我总喜欢强调我们应该让自己周围充满积极态度的人。有很多人告诉我，他们的婚姻伴侣在生活中态度不佳，且不愿意改变。从某种程度上说，当消极的伴侣不愿意改变，积极的另一半就会被囚禁在消极当中。在这种情况下，我建议这对夫妻要记住对方曾是自己所爱的人，如果彼此的弱点都被忽略，婚姻就会得到改善。然而，许多夫妻最后会走进法院办理离婚，因为他们各自的优点被忽略了，他们从期待最好的到期待最差的，从扬长避短到专注于缺点。

我所提到的以上所有因素，都会综合塑造态度。它们会影响你以及你所领导的人。不过谨记：不管你是10岁、40岁还是60岁，你对人生的态度都仍然在塑造当中。一个人想改变态度，从来不会太晚。这也是下一节的主题。

04 态度可以被改变吗

拥有良好态度的关键在于是否愿意改变。

我们如果不做态度的主人，就会变成它的受害者。这是个人选择的问题。我们今天的样子，是昨天选择的结果；我们明天的样子，是今天选择的结果。改变意味着选择变化。

在加拿大北部，只有两个季节：冬天和7月。7月，乡村小路的冰雪开始融化的时候，道路会变得泥泞不堪。进入偏远乡镇的车辆会留下深深的车辙，当冬天再度来临时，车辙又会冻结。在冬季进入蛮荒林区的人会看到这样的标志："司机们，请谨慎选择你要驶入的车辙，因为接下来的20英里（约32千米）路，你都会开在同一车辙中。"

有些人似乎被局限在自己目前的态度里，就像行驶在20英里的车辙中的车辆一样。然而态度并非恒久不变。如果你不满意自己的态度，你可以改变它。若你领导的人态度不佳，你可以协助他们改变，前提是他们愿意改变。只要真心愿意，任何人都可以变成一个积极的人，拥有喜乐人生，每天都充满各种可能性。

如果你想要拥有良好的态度，就参考以下建议：

评估你目前的态度

这一过程从了解你自己开始，这需要花一些时间。如果可能的话，尝试将你自己与态度分离。这项练习的目的不是要发掘那个"不好的你"，而是要发现让你无法更加成功的"不好的态度"。唯有认清问题所在，你才能做出重大改变。

当一名专业伐木工发现圆木在河流里堵塞时，他会爬上一棵高大的树木，找出堵塞的圆木，挪开那块木头，圆木就可以继续顺流而下。而一个外行人会从整堆木头的最外面开始搬动木头，直到挪开那块问题圆木。很明显，两种方法都能让木头继续漂流而下，然而专业伐木工的方式更快速且更有效率。

欲找出你态度中关键的"问题圆木"，不妨利用以下的评估过程（将你的答案写在日志中，或者你可以经常翻阅到这些答案的地方）：

确认问题情绪：哪些态度会让你觉得自己非常消极？通常，在人们清楚地认识到问题所在之前，就能感觉到不良情绪。

确认问题行为：哪些态度在你和他人的相处中引发最多的问题？

确认问题思维：我们是自己内心想法的总和。《圣经》说，一个人内心怎么想，他就是怎样的人。哪些想法会一直控制你的心智？要分辨这一项并不像前两项那么简单。

澄清事实：为了明确如何改变态度，你需要在现实中检视自己的情绪。

许下承诺：在这个阶段，"我要做什么来改变？"演变成"我必须改变"。记住，选择改变是一定要做的决定，而只有你自己可以完成。

计划并实施你的决定：立即且坚定地执行你的决定。

要明白信念强于恐惧

要确保完成一项艰巨的任务，就要从一开始就拥有"我可以做到"的信念。心理学家和哲学家威廉·詹姆斯曾说："我这辈子最大的发现就是，人们可以借由改变他们内心的态度，来改变他们的人生。"改变基于你的内心，要相信你自己可以改变，说服自己不要心存恐惧。请你的家人、朋友和同事有机会就鼓励你。

写下目标宣言

在我还是个小男孩的时候，父亲决定要为我和哥哥建一个篮球场。他修了一条水泥道，在车库放了个挡板。正当他准备要将篮网挂上去时，接到一通紧急电话就离开了。他保证一回来就立刻把篮网挂好。我心想，没关系，我有一个全新的篮球，还有可以让我运球的新水泥道。我花了几分钟时间在水泥地上拍球。很快我就感到无聊了，于是我拿起球将它丢向挡板——只是一次。我任由球滚出场外，没有去捡起它，直到父亲回来将篮网挂上去。因为没有目标，玩球一点乐趣都没有。

为了改变态度，你必须建立一个明确的目标。这个目标要尽量具体，写下来，附上签名和时间表。目标宣言应该摆在一个显眼的地方，让你一天能看到它几次，以强化你的动力。

如果你每天做三件事，就能达到这个目标：

1. 写下你每天具体要完成的事情

大卫和哥利亚的对抗，是一个关于信念的绝佳例子，也说明信念如何能让人以看似不充分的资源战胜胜算极大的对手。然而，在我刚开始研究大卫的人生时，有件事令我困惑：为什么他去找哥利亚的路上，会为自己的弹弓捡5颗石头？为什么是5颗石头？只有一个巨人啊。选择5颗石头似乎是他信念上的瑕疵，他觉得自己没办法一次击中哥利亚，所以他需要另外4个机会？后来我有一次读到《圣经·撒母耳记下》，才知道了答案：哥利亚有4个儿子，也就是说一共有5个巨人。在大卫的估算当中，一颗石头要击中一个巨人！这就是我所说的要让自己的信念具体化。

你必须打败哪些巨人才能让你的态度变得更好？你需要哪些资源？当你遇到问题时，不要被挫败感打倒。一次对付一个巨人。军事战略家会告诫部队，一次攻打一个目标。想好你这次要对付的问题，将它写下来。当你开始赢得战斗的胜利时，也写下来。花点时间回顾过去的胜利经验，因为那会给你以鼓励。

2. 把你每天想完成的事情告诉一个你信任的人

信仰是一种向内的决心，信念是一种向外的行动。只要说出你的意图，你就会获得鼓励，同时也强化了自己的责任。这个方法对于达成改变态度的目标也是很重要的。

成功的推销员会在每天早上和每天晚上大声重复念50次这句话："我可以办到。"重复说出鼓励的话语能帮助他们相信自己，让他们遵照这个信念去做事。达到这一目标需改变你的词汇。以下是一些建议：

完全淘汰下面字眼	让下面字眼成为你词汇表的一部分
● 我不能	● 我能
● 如果	● 我将
● 怀疑	● 期待最好的
● 我不认为	● 我知道
● 我没有时间	● 我会安排时间

- 或许
- 当然
- 我害怕
- 我有信心
- 我不相信
- 我相信
- 那是不可能的
- 一切皆有可能

3. 每天按照目标而行动

智者和愚者之间的差别在于他们对已知事情的反应：智者会立刻采取跟进行动，而愚者明明知道却不行动。为了达到改变的目的，你必须有所行动。每天一点小小的改变，终将成就未来的成功。

愿意改变

改变的意愿是至关重要的。当别的方法都失败时，对改变的渴求能引领你迈向正确的方向。许多人最终都会明白，只要他们足够渴望改变，改变就有可能发生，他们就会战胜似乎是无法克服的阻碍，让自己变得更好。让我举例说明。

一天，一只青蛙在蹦跳时，不小心掉进了路边的一个大坑里。它费尽力气都无法跳出大坑。不久，有一只兔子偶然发现困在坑里的青蛙，想要帮它离开坑洞，可是兔子也失败了。后来森林里有许多动物英勇地尝试了好多次，要将这只可怜的青蛙救出来，但都失败了。它们说："我们会再回来的，我们会带些吃的给你，看样子你可能要在这里待一阵子。"可是它们刚转身去找食物，就听到青蛙在它们身后跳跃。它们简直不敢相信："我们以为你没办法出来呢！"青蛙回答说："喔，我是没办法，可是你们知道吗？有一辆大卡车朝着我开过来，我不得不出来。"

爱上变化，你会看到渴求改变的意愿不断加强。

当我们必须离开"人生的坑洞"，就是我们要改变的时候。**只要我们还有可以接受的选择，我们就不会改变。事实上，大多数人宁愿忍受老问题也不愿接受新办法。**对于生活中需要做出的改变，他们的反应就像剑桥公爵（Duke of Cambridge）一样，他曾说："任何时候，任何原因下的任何改变，都应该被谴责。"那些认为事情根本就不应该去做的人，永远不会看到任何事情的完成。

人可以改变，而这也是最大的动力。爱上变化，你会看到渴求改变的意愿不断加强。在荷兰鹿特丹，78岁高龄的阿蕾达·修森（Aleida Huissen）就是如此。她是个有50年烟龄的老烟枪，50年来她一直想要戒掉这个习惯，但都没有成功。后来向她求婚的79岁的里欧·杰森（Leo Jensen）拒绝和她举办婚礼，除非阿蕾达戒烟。阿蕾达说："意志力从来都无法让我戒掉烟瘾。爱情却办到了。"

我毕生致力于协助他人发挥他们的潜力。我建议你听从大文豪马克·吐温的忠告，他说："带你的心智走出去，抖抖它，和它跳个舞。你的心智已经逐渐在瘀塞了。"这就是他所谓的"摆脱困境"。有太多时候，我们安于某种固定的思考模式，接受无须加诸我们身上的桎梏。拥抱改变吧，那将改变你。

过好每一天

任何人都有能力打好一天的战役。只有在我们增添了两个可怕的包袱

——昨天和明天——时，我们才会感到忧虑。让人们分心的不是今天的局面，而是昨天产生的悔恨与悲痛，以及明天可能带来的恐惧。因此，让我们过好每一天，只是今天！

改变你的思维模式

吸引你注意力的事情，会决定你的行为。我们之所以在这里，之所以成为现在的样子，都有赖于占据我们思想的主导想法。让我们看看这段推理，它强调思想的力量：

- 主要假定：我们可以控制我们的思想。
- 次要假定：我们的感觉来自我们的思想。
- 结论：我们可以借由改变我们的思维模式来控制自己的情绪。

就是这么简单。

我们的思想，而非我们的环境，决定着我们的幸福。我经常看到人们以为自己在达到某个目标后会快乐，而当他们真的达成目标后，往往并没有获得预期的成就感。维持平衡的秘诀何在？让你的心智充满好的思想。凡是真实的事情，凡是崇高的事情，凡是正面的事情，任何美德和任何值得称赞的事情——去思考这些事情。

养成良好的习惯

态度其实就是一种思维习惯。养成习惯的过程，无论好坏，都是一样的。养成成功的习惯，与屈服于失败的习惯，是同样简单的。

习惯并非本能，它们是培养而成的行为或反应。它们不会自动发生，而是要靠主动引发。一旦有了引发它的决心，要接受或拒绝这样的习惯，就是你可以掌握的了。大部分人让习惯支配自己。当那些习惯具有伤害性时，它们就会从负面影响人们的态度。

以下步骤会协助你将坏习惯变为好习惯：

- 列出你的坏习惯。
- 主要根源是什么？
- 次要根源是什么？
- 决定用一个好习惯来代替坏习惯。
- 认真思考这个好习惯，以及它的益处与结果。
- 采取实际行动来培养这个习惯。
- 每天强化这个习惯。

坚持正确的态度

选择拥有好的态度，这只是改变的第一步而已。在那之后，伴随终生的是坚持培养与保持正确的观念。如果没有谨慎保护或栽培，它们很可能会回到老路。

这个过程，大致要经历三个阶段。

- 早期：最初的几天绝对是最困难的。旧习惯不容易打破。你必须在心中时时提醒自己，要采取正确的行动。
- 中期：好习惯开始扎根时，你会面临新的选择和新的挑战。在这个时期，新习惯是好或坏，都有可能。好消息是，你所形成的好习惯越多，其他好习惯就越有可能形成。

● 后期：在后期，自满是你的敌人。我们都知道，一个减肥的人（可能是我们自己）只要重拾原有的饮食习惯，就会再度发胖。在完全转变以前，不要松懈。即使你完全改变了，也要保持警惕，确保你旧有的不良习惯不再故态复萌。

只有你自己才能决定你怎么想以及怎么做。那意味着你可以塑造你想要的态度。然而即使你成功地成为一个积极的人，你也无法避开消极经历。一个积极的人如何面对障碍且保持乐观呢？欲知此问题的答案，请阅读下一章节。

05 失败能改善我们的态度吗

> 为了实现梦想，你必须拥抱失败。

艺术家大卫·贝利斯（David Bayles）和泰德·奥兰德（Ted Orland）讲了一个关于一名艺术老师的故事。他针对两组学生做了一个计分系统的实验。以下是实验的过程：

> 陶艺老师在开学伊始宣布，他要将整个班分为两组。他说，教室左半部的同学的评分，仅以他们所创作的作品数量为准，而右半部分同学的评分，仅以作品的品质为准。他的实验过程很简单：课程的最后一天，他会带他浴室的磅秤来称数量组的作品：50 磅的陶制品就可以得 A，40 磅的得 B，依此类推。然而品质组的同学只需要创作出一件陶制品——品质要很完美的作品——才能得 A。

> 最后评分时，出乎意料的事实是：品质最高的作品，都是由数量组的学生创作的。似乎当数量组的学生忙着大量制作作品，

并从中学习经验时，品质组的学生则一直在忙于构建完美的理论，最终他们的努力只生产出那些"伟大"理论和一堆无用的黏土。

不管你身处于艺术、商业、宗教、体育还是其他领域，失败都是非常有益的，从失败中总结经验，才能反败为胜。

重视过程

每一年，在许多研讨会上，我给予无数人以领导力方面的指导。我最大的担忧是，有些人从会场回家后，生活不会发生任何改变。他们喜欢那场"秀"，但却没有执行任何一项我提供给他们的建议。我不断告诉人们：我们高估了结果，却低估了过程。任何能够达成的梦想，都来自对过程的付出（那也是我写书以及制作音频材料的原因之一，这样，人们才能利用这些资源参与持续成长的过程）。

人们自然而然地陷于惯性，这也是自我成长之所以艰难的原因。成功的过程与不断的失败、向更高处攀登的挣扎纠缠在一起。

为了实现梦想，你必须拥抱失败，
承认失败是你人生必不可少的一部分。
如果你没有尝到过失败的滋味，或许你就没有真正前进过。

谈到失败，大部分人都会勉强承认，任何人都必须克服逆境才能成功。他们会承认，你必须偶尔经历挫折才能有所进步。然而我认为，你必须更深入地理解这一事实，成功才能达成。为了实现梦想，你必须拥抱失败，承认失败是你人生必不可少的一部分。如果你没有尝到过失败的滋味，或许你就没有真正前进过。

失败乃成功之母

心理学家乔伊斯·布拉泽斯（Joyce Brothers）博士主张："对成功有兴趣的人，必须学会将失败视为达成目标的过程中一个健康且不可避免的部分。"逆境与失败不仅仅是成功过程中一定会出现的部分，它们还是这个过程中绝对关键的部分。事实上，失败的好处有许多。让我们看看，为什么我们应该拥抱失败：

1. 失败产生反弹力

人生中没有什么比逆境和失败更能产生反弹力。《时代》（*Time*）杂志在20世纪80年代中期做过一项研究，讲述了因为工厂关闭而三次失去工作的一群人所产生的反弹力。心理学家认为他们会很沮丧，然而他们却出乎意料地乐观。他们的不幸遭遇实际上产生了正面效应。因为他们已经失去工作，且至少有两次找到新工作的经验，他们比职业生涯很顺利的人，能更加自如地对待逆境。

2. 失败培养成熟度

失败可以让你变得更好，只要你不让它给你带来痛苦，因为它会提高你的成熟度。美国小说家威廉·萨洛扬（William Saroyan）说：**"优胜者因为经历失败而获得智慧。事实上，我们从成功中能得到的智慧相当少。"**

当这个世界不断以越来越快的速度在改变时，有弹性的成熟就更显重要。而这都来源于困境。哈佛商学院教授约翰·肯特（John Kottter）说：
"我能想象，20年前，一群高级主管在讨论一个高层职位的候选人时说：
'这个人在他32岁时曾经历过一次重大失败。'其他人会说：'是啊是啊，
那不是好征兆。'而我现在可以想象，今天同样一群人在评价一个候选人时
会说：'这个人让我担心的地方是，他从来没有失败过。'"我们现在克服
的问题，会为我们在面对未来的困境时做好准备。

3. 失败刺激人们挑战极限

罗伊德·奥格尔维（Lloyd Ogilvie）说，他有一个在年轻时做过马戏团
演员的朋友，讲述了他学习荡高空秋千的经过：

> 一旦你知道底下的网会接住你，你就不会害怕掉下去，你会
> 学着怎么成功地掉下去！也就是说，你可以专心抓住荡向你的高
> 空秋千，而不会时刻担心会不会摔下去，因为过去不断的掉落，
> 让你深信在你掉下去的时候，网是非常牢固可靠的……重复的掉
> 落和被网接住，给高空秋千演员带来了不可思议的信心和勇气，
> 你的失误会逐渐减少。每一次的掉落，会让你去做出更多的冒险
> 尝试。

当一个人亲身体验到自己通过了逆境的考验，他就会更有勇气挑战自
身极限。失败的经验会激发人们重新思考现状。

4. 失败提供更好的机会

逃避问题会限制你的潜力。在企业家身上，从来都不缺乏逆境和挫折
带来更多机会的故事。1978年，新泽西州的纽瓦克城一个贫穷俄国木工的
儿子伯尼·马库斯（Bernie Marcus），被一家自助型五金零售商炒鱿鱼。这

刺激了马库斯，迫使他和亚瑟·布莱克（Arthur Blank）合作创业。1979年，他们在乔治亚州亚特兰大开了第一家店，取名为"家得宝"（Home Depot）。今天，家得宝拥有超过1000家分店，还将事业版图扩展到海外，成为《财富》世界500强企业。

我相信，伯尼·马库斯当时被炒鱿鱼时一定很不高兴。但如果他没有丢掉那份工作，谁知道他会不会拥有今天的成就。

5. 失败促进创新

20世纪初，一个随家人从瑞典移民到美国伊利诺伊州的男孩，寄了25美分给一家出版社，想要购买摄影书籍，学习摄影，后来收到的却是一本关于腹语术的书。他做了什么呢？他改变了目标，开始学习腹语术。他就是艾德格·柏根（Edgar Bergen）。他和一个名为查理·麦卡锡（Charlie McCarthy）的木偶人，给观众提供娱乐长达40多年。

创新能力的核心是创造力，这是一种极其重要的成功元素。休斯敦大学教授杰克·马特森（Jack Matson）熟知这个事实，并开设了一门被学生称为"失败101"的课程。在这门课中，马特森要求学生制作没有人会购买的产品模型，目的是让学生将失败与创新等同起来，而不是被失败打倒，如此一来，他们才能放开自己去尝试新事物。马特森说："他们学会了重新装上子弹，准备好再次射击。"如果你想成功，你必须学习调整自己做事的方法，然后重新尝试。逆境会帮助你发展这种能力。

6. 失败带来意料之外的好处

一般人犯错误以后，自然地认为那是一种失败。然而有些伟大的成功，正是错误带来的意料之外的收获。大部分人都熟悉爱迪生和留声机的故事，他在尝试发明一个完全不同的东西时，偶然间发明了留声机。家乐氏玉米片的出现，是来自于放在烤盘上的隔夜的煮熟小麦。象牙牌肥皂能漂浮，是因为一堆肥皂被留在搅拌器里太久，而有大量的空气被搅拌了进去。还有，史考特毛巾的出现，是因为一台卫生纸机器一次放了太多层卫生纸。

> 在科学领域中，错误一定会出现在真理之前。
>
> ——霍勒斯·沃波尔

霍勒斯·沃波尔（Horace Walpole）曾说："在科学领域中，错误一定会出现在真理之前。"这一点在德裔瑞士籍科学家克里斯蒂安·弗雷德里希·舍恩拜因（Christian Friedrich Schönbein）身上可以得到验证。有一天，他正在厨房工作——他的妻子严禁他这么做——他在进行硫和硝酸的实验。当他不小心将一些混合的化学物质洒到厨房的餐桌上时，他想他有麻烦了（他知道，一旦他的太太发现，他会历经一场"灾难"！）。他飞快地抓起棉围裙，想把洒出来的东西擦掉，然后再把围裙挂在火边烘干。

结果是出现了强烈的爆炸。很显然，棉质材料内的纤维经历了一种所谓"硝化"的过程。就这样，舍恩拜因不经意地发明了硝化纤维（nitrocellulose）——也就是后来所谓的无烟火药或棉火药。他去推销自己的发明，收获了大量的财富。

7. 失败给人以激励

逆境带给人的动力要远远超过其他东西。奥运会跳水选手帕特·麦考密克（Pat McCormick）曾说："我认为失败是最强大的动力之一。我在1948年的跳水比赛中以微弱分数落败之后，才真正发现自己可以达到什么样的程度。失败的经验让我专注在训练和目标上。"接下来，麦考密克在之后的两届奥运会中均获得两枚金牌。

负面的经历都有着正面的效应。如果你丢了工作，说不定有更好的机会在等着你。如果你尝试冒险却失败了，想想你在过程中学到的事情，以及这些知识如何帮助你面对新挑战。如果你正在经历着职业困境，这可能会让你变得更成熟。比尔·沃恩（Bill Vaughan）说："在人生这场游戏中，早期拥有一些失败的经验是不错的事情，那会释放你的压力和潜力。"你在追寻梦想的同时所遇到的阻碍，可以帮助你改变自己对待人生的态度，一切全在于你如何看待它们。

还能比这更糟吗

关于克服逆境与达致成功的传说，给我印象最深刻的是古希伯来的约瑟夫（Joseph）。他出生在中东一个富裕家庭，是12个儿子中的第11个。这家人以饲养家畜为生。约瑟夫在青少年时期就与其他兄弟疏离：首先，他是父亲最宠爱的儿子；其次，他经常会向父亲打小报告，说兄弟们没有照顾好羊只。后来，他还犯了一个错误，他告诉自己的哥哥们自己有一天会掌管他们。一开始，他的兄弟们想要杀死他，然而最年长的哥哥鲁宾（Reuben）阻止了他们这么做。其他兄弟趁鲁宾不在，把约瑟夫卖去当了奴隶。

约瑟夫最后在埃及一个守卫队长的家中工作，这个队长名叫波提乏（Potiphar）。因为有很强的领导和管理水平，约瑟夫的地位很快提高了，不久，他掌管了全部家务。然而事情有了变故。主人的妻子想说服他与她共枕。遭到拒绝后，她指控约瑟夫要占她便宜，还让波提乏将约瑟夫扔到监狱里去。

从奴隶到囚犯

这个时候，约瑟夫可以说面临着最困难的处境。他与家人分离，生活在遥远的异国土地上。他是一名奴隶，还身处监牢里。然而，他并没有被打倒，在狱中也充分展示了自己的能力。不久之后，典狱长让约瑟夫管理所有的囚犯以及监狱的日常活动。

在狱中，约瑟夫遇上了一个曾经在法老王宫担任官员（总斟酒人）的犯人。约瑟夫帮这个男人解梦。当他看见这名官员对自己心怀感激时，约瑟夫向他请求了一件事。

约瑟夫这样要求："当你一切顺利时，记得我并帮我个忙：在法老面前提到我，让我离开监狱。我被迫离开希伯来的土地，而即使在这里，我也没有做过任何足以让自己身陷囹圄的事情。"

几天后，当这名官员回到法老身边时，约瑟夫满怀希望地等着。他时刻都在期待着法老要将他释放的消息。然而他等了又等，却没有消息。两年过去了，这个斟酒人才想起他来，因为法老需要一个人来帮他解梦。

最终的回报

最后，约瑟夫得以为法老解梦。这个希伯来人展现出了惊人的智慧。后来，他平步青云，埃及统治者任命他管理整个王国。得益于约瑟夫领导建立的食物储存系统，当7年后饥荒肆虐中东，原本可能会丧生的无数人民得以存活下来，其中包括约瑟夫的家人。他的兄弟们在将他卖去当奴隶的20年后，远赴埃及以逃离饥荒，他们发现自己的兄弟约瑟夫不但活着，还统治着世上最强大的王国。

很少有人会经历十几年的奴隶与囚犯生涯这样极端的逆境。约瑟夫从不放弃希望，从不停止思考，更没有怨恨他的兄弟们。在他们的父亲死后，他告诉兄弟们："你们意图要伤害我，可是上帝想要我完成我的使命，也就是拯救众多的生命。"

在逆境中看到积极的一面，我们也可以做到。为了达成这个目标，你需要进一步采取行动，积极地面对失败。

3

第三部

拥有正确态度

06 何为失败

> 每个成功者都失败过，但他从不视自己为失败者。

几年前，在一次访谈中，电视主持人问专栏作家安·兰德斯（Ann Landers），读者最常问她的问题是什么。她回答说，是"我怎么了"。

兰德斯的回应相当程度地反映出人性。许多人会被失败的感觉纠缠，其中最有害的是自我怀疑。那些情绪的中心问题是：我是一个失败者吗？这是一个大问题。我相信任何人如果视自己为失败者，要成功几乎是不可能的。你应该用正确的态度来面对失败。

已故的幽默作家厄玛·邦贝克（Erma Bombeck）在过世前几周，仍坚持撰写每周幽默专栏。她不屈不挠，不让失败的经历影响自己的自我认识。

从报社抄写员到《时代》杂志封面人物

厄玛·邦贝克的职业生涯从头到尾都充满挫折。她在人生早期投入了新闻业，第一份工作是在《代顿先驱报》（*Dayton Journal-Herald*）担任抄写员，当时她才十几岁。曾经有一名教师建议她"忘了写作这件事吧"。她拒绝了。后来她到代顿大学学习，并于1949年取得英语专业学位。不久之后她开始从事写作——负责讣告专栏以及妇女版。

那一年，糟糕的事情接二连三发生。她结婚后，最大的愿望就是当个母亲。但令她沮丧的是，医生告诉她，她无法怀孕。她没有放弃，和丈夫领养了一个女儿。

两年后，厄玛很惊讶地发现自己怀孕了。然而这反而带给她更多的痛苦。她在4年内经历了4次怀孕，不过只有两个孩子活了下来。

1964年，厄玛说服了一家小报的编辑让她撰写每周一次的幽默专栏。尽管每篇文章只支付她3美元，她还是坚持写作，而那为她打开了一扇门。第二年，她有机会为她以前的东家《代顿先驱报》写一周3次的专栏。到了1967年，她的专栏文章已经在超过900份报纸上刊登。

厄玛撰写幽默专栏超过了30年的时间。在那段时间，她出版了15本书，被视为美国最有影响力的25名女性之一。她经常出现在电视节目《早安美国》（*Good Morning America*）中，也曾是《时代》杂志的封面人物，获得过无数荣誉（例如美国癌症协会荣誉奖），同时她还被授予了15个荣誉学位。

也就是在那段时间，厄玛·邦贝克还经历了不可思议的考验，包括乳腺癌、乳房切除和肾衰竭。而她并不吝于分享自己对人生的看法：

> 我在大学毕业典礼上演讲，告诉所有人我之所以站在台上，而他们在台下的原因，不是因为我的成功，而是因为我的失败。我和大家分享所有的事情：在贝鲁特只卖出两张的喜剧专辑……一出只持续几分钟时间的情景喜剧……一出从未踏上百老汇的百老汇舞台剧……一次吸引了两个人的签名售书，其中一个人问厕所在哪里，而另一个人则是要买桌子。

你必须告诉自己的是，"我不是一个失败者，只是没有把某件事情做好"。这两者有很大的差别。我曾经埋葬过孩子、失去父母、罹患癌症……关键在于以积极的态度面对所有事情，这就是我的生活方式。

这种赢家的态度让厄玛·邦贝克变得理性又实际。这样的态度也让她在沮丧、苦痛、手术、每天透析，直到69岁过世的这段时间，仍一直坚持写作。

每个天才都可能曾是个"失败者"

每个成功者都失败过，但他从不视自己为失败者。斐迪南（Ferdinand）国王曾经告诉天才音乐家莫扎特，说他的歌剧《费加罗的婚礼》（*The Marriage of Figaro*）"太过于喧闹"，而且"音符用得太多了"。画家凡·高在世的时候只卖出过一张画，尽管他的作品后来在拍卖市场上一次又一次地刷新价格纪录。爱迪生小时候被认为是一个无法教育的学生。爱因斯坦则被一个慕尼黑的校长认为"不会有多大的出息"。

可以这么说，所有伟大的成功者都有许多理由认为他们是失败者，但他们并没有这么做。在面临逆境、被否定和遭遇挫折时，他们依然相信自己，拒绝视自己为失败者。

赞美别人，善待自己

我很重视称赞别人，尤其对小孩子。事实上，我相信，他们会努力达到你对他们的期待程度。不过我也认为，称赞必须实事求是，你不能编造对别人的溢美之辞。以下是我用来鼓励和引导他人的方法：

- 珍视他人。
- 赞扬其付出。
- 奖励其表现。

我以这种方式对待所有人。我甚至以同样的方式对待自己。当我工作的时候，我会在工作结束后给自己一个奖励。当我处理一项任务或计划时，我会尽最大努力，不管结果如何，我都能对得起自己，晚上睡觉也可以高枕无忧。而无论我多么失败或犯了多少错误，我都不会让它们贬低我的价值。就像一句谚语说的："上帝会善待失败的人——因为没有别的人可选择。"

反败为胜的6个必备能力

1. 向"不"说"不"

心理学家詹姆斯·艾伦曾说："一个人其实就是他的思想所呈现的样子，他的品格就是他所有想法的总和。"这就是为什么要确保你的思想必须是正面的。

那些永不放弃的人坚持尝试，是因为他们并非将自我价值建立在一时的得失上。他们内心有着一个坚实的自我形象。

心理学家马丁·E.塞利格曼（Martin E. Seligman）认为，当我们失败时，我们有两个选择：将失败内在化，或者外在化。塞利格曼表示："面对失败时，自我责怪的人认为自己没用，毫无天分；而将失败外在化的人，不会因为一时的挫败而失去自尊。"要对自己的行为负责，但不要完全将失败视为个人的错误。

2. 视失败为暂时性的

把失败内在化的人，将一时的问题视为他们会永远陷在其中的坑洞。而成功者会将任何困境都看作是暂时的。美国前总统杜鲁门38岁时负债兼失业。如果他不相信失败是暂时的，他就可能陷于困境，也不可能取得后来的成功。

当成功者失败的时候，他们视其为一个短暂的事件，而非延续一生的灾难。如果你想要成功，不要让任何单一的事件扭曲你对自己的看法。

3. 目标要切合实际

你渴望达到的目标越大，你就越需要充分的心理准备，长时间地克服阻碍，坚持到底。如果你想在社区附近散步，你当然可以不用做什么准备。然而，如果你想要攀登珠穆朗玛峰，情况就不同了。

达到目标需要时间、努力与能力。你必须带着合理的期望去做事，当事情的结果不如预期时，不要让自己的感觉受到伤害。

1954年在棒球联盟首战那天所发生的事情可以用来说明这一点。密尔沃基勇士队迎战辛辛那提红人队，两队各有一名新球员是在那场比赛中初次参加大联盟。辛辛那提红人队的那名新球员击出4个二垒安打，让他的队伍以9比8的成绩领先。密尔沃基勇士队的新人则获得0比5的成绩。红人队的这名球员是吉姆·格林葛雷斯（Jim Greengrass），你可能从未听过这个名字。而另一名没有任何安打表现的新人或许球迷更为熟悉。他的名字是汉克·阿伦（Hank Aaron），他后来成为史上最杰出的全垒打球员之一。

如果阿伦对首场比赛有不切实际的期待，谁知道会是什么结果呢？他可能会放弃棒球。他当然一定不满意自己那天的表现，然而他未将自己视为失败者。他长久以来都一直努力着，而不是轻易地放弃。

4. 专注于强项

新泽西恶魔冰球队前主席鲍伯·布泰勒（Bob Butera）被问及是什么造就了一个赢家。他回答说：**"赢家和输家的差别在于，赢家时刻专注于他们有能力做的事情，而非他们力所不及的事**。如果一个人是杰出的射手，而不是好的溜冰员，我们会告诉他，只要想着射门、射门、射门，绝不要想别人溜冰比自己强。关键是要牢记你的优势。"

如果弱点与品格有关，就需要我们好好留意了。注意这些品格弱点，直到你将其克服为止。除此以外，面对失败最好的方法，就是把你的强项发挥到极致。

5. 随机应变

在《成功心理学》（*The Psychology of Achievement*）一书中，博恩·崔西（Brian Tracy）写到4位在35岁之前就成功的百万富翁。他们在从事让他们达到巅峰的职业之前，平均从事过17种工作。他们不断尝试和变换工作，直到找到最适合自己的职业。

成功者愿意根据不同问题而采取不同的方法。如果你是一个田径迷，你一定会喜欢看跳高比赛。我总是惊叹于这些男女运动员能跳过的高度。有趣的是，在20世纪60年代，这项运动的技巧有了重大的变革，运动员因此能打破纪录，也促使他们跃上新台阶。

创造那项变革的是迪克·福斯贝里（Dick Fosbury）。以前的运动员在跳高时采用跨越的方式，在跨过横杠时正对着横杠，一只手和一只脚在前。而福斯贝里所发展的技巧是，跨过横杠时，头先向前，背向横杠。这种技巧被称为"福斯贝里式跳高"（Fosbury Flop），也叫背越式跳高。

创造新的跳高技巧是一回事，而让其他人接受这样的技巧又是另一回事。福斯贝里曾表示："我一再被告知我不会成功，我无法与他人竞争，我的技巧肯定没用。我所能做的就是耸耸肩，说：'等着瞧吧。'"

他真的成功了。福斯贝里在1968年墨西哥城奥运会中赢得金牌，打破了奥运会纪录，并且创下了新的世界纪录。自那时起，几乎所有世界级的跳高选手都开始采用他的技术。

6. 重整旗鼓

所有成功者都有一个相同点，那就是在失误、犯错、失败之后能够重整旗鼓。心理学家西蒙·卡拉瑟斯（Simone Caruthers）说："人生是一连串的结果。有时候结果是你想要的，那很好，好好研究你做了哪些正确的事情。有时候结果不是你想要的，那也很好，好好研究你做了哪些事情，然后不再重蹈覆辙。"**重整旗鼓的关键，在于你对待结果的态度。**

无论发生什么事情，成功者都能不断向前。任何人都不应该将失败内在化，那是你让自己重新振作、以积极的态度向前迈进的最好方法。一旦你这么做了，你就准备好成功了。这也是下一章节的主题。

07 何为成功

态度决定你在成功的征途上能走多远。

对于大部分想得到成功却未能如愿的人来说，问题不在于他们无法成功，主要的障碍是他们误解了成功的含义。他们对待成功没有正确的态度。莫尔特比·D.巴布科克（Maltbie D. Babcock）曾说："最常见的错误，以及代价最高昂的想法，是认为成功来自某些天赋、某些奇迹，或我们不具备的其他条件。"

何为成功？成功看起来是什么样的？大部分人心中对于成为一个成功人士，有着模糊的想象，诸如：

- 比尔·盖茨的财富。
- 阿诺德·施瓦辛格或泰拉·班克斯（Tyra Banks）的体格。
- 爱因斯坦的聪明才智。
- 迈克尔·乔丹的运动能力。

- 杰奎琳·肯尼迪的风度与姿态。
- 华特·迪士尼的想象力。
- 特蕾莎修女的热心肠。

那听起来很荒谬。我们许多人想象中的成功，看起来发生在他人身上的可能性更大。如果你想要变成那些人当中的一位，你是不会成功的。你会成为他们的"劣质仿制品"，而你也会失去成为你应该成为的样子的可能性。

关于成功的错误态度

对于成功，人们还会有其他错误的态度。许多人将成功误认为是某种具体的成就，或达成某项具体的目标。以下是几种关于成功的最常见的误解：

1. 财富

或许人们对成功最普遍的误解是，拥有金钱就代表成功。许多人相信，只要他们累积了财富，就是成功了。然而财富并不能完全解决现有问题，还会带来许多新的问题。如果你不相信，看看那些彩票中奖者的人生。财富不会带来真正的满足或成功。

2. 一种特殊的感觉

另一种常见误解是，有人认为成功是一种自我感觉。可是尝试去"感觉成功"或许比尝试"变得富有"更困难。许多人痛苦不堪的主要原因，就是努力不懈地寻求幸福。如果你将幸福当成目标，你几乎注定会失败。你的感觉将会像坐在不断运转的云霄飞车上一样，心情随之上下起伏，从成功到失败，来回不断。人生是不确定的，而情绪也不稳定。幸福的感觉不能被当作是一种衡量成功的方式。

3. 拥有特殊且有价值的东西

想想，你还是孩子的时候，是不是有时会很想要一件东西，而你也相信，如果你拥有它，就会给你的人生带来巨大的变化。我9岁时，想要一辆紫银色的史考温牌自行车，而我也在圣诞节收到了这件礼物。但很快我便发现，那辆自行车没有带给我原本我希望和期待的成就感或长时间的满足。

这种经历在我的人生中不断上演。我发现，成功没有因为我成为中学篮球队的首发队员而降临，也没有因为我成为大学学生会主席而到来，更没有因为我买了第一套房子而出现。成功从来都不是因为我得到了我想要的某个东西。物质只是过眼云烟的感觉而已，成功无法以这样的方式达成，也不能以这样的方式衡量。

4. 权势

查尔斯·麦克罗伊（Charles McElroy）有一次开玩笑地说："权势经常被当作一种绝佳的短时抗抑郁剂。"这种说法颇有道理，因为权势通常会裹着成功的外衣。尽管如此，那也只是一时的。

你以前或许听过英国历史学家艾克顿公爵（Lord Acton）的说法："权力使人腐化，绝对权力使人绝对腐化。"林肯也曾表达过同样的理念："几乎所有人都能忍受逆境，然而如果你要检验一个人的品格，就给他权势。"权势的确是对品格的考验。在正直者手中，权势是绝佳的优势；在专制者手中，它会造成可怕的破坏。权势本身并非正面或负面，它也不是安全感与成功的来源。此外，所有的独裁者，即使是仁慈的独裁者，终究都会失去权力。

5. 成就

许多人将成功等同于成就。他们相信如果他们达到某个层次，获得某种地位，完成一项目标，或和优秀的人交往，他们就会成功。我曾经一度对成功也有着类似的看法。我将其定义为"持续不断地实现一些预先设定的有价值的目标的过程"。然而一段时间后，我发现这样的定义并不准确。成功不是一份等着你一个一个去达成的目标清单，也不是要到达的某个目的地。成功是一段旅程。

关于成功的正确态度

如果成功是一段旅程，你该如何开始呢？需要什么条件才能成功呢？有两件事是必需的：看待成功的正确态度，以及获得成功的正确原则。一旦你将成功重新定义为旅程，你就能对成功保持正确的态度，然后准备好开始这个过程。结果或许每个人都不同，但所有人要经历的过程都是一样的。以下是我自己对成功的定义：

- 了解你的人生使命。
- 不断成长，发掘你的最大潜力。
- 帮助别人，提升他人的价值。

如果你像我一样看待成功，你就会明白，为什么成功必须被视为一段旅程，而非目的地。不管你的生命有多长，这一生中你在做什么，只要你拥有正确的态度，你永远都不会耗尽自己发挥潜力的空间，也不会错过帮助他人的机会。如果你视成功为一趟旅程，你就永远不用费力地逼迫自己去"到达"一个难以捉摸的终点站。

想要理解成功的概念，让我们研究一下这三个方面的定义：

了解你的人生使命

了解使命是首先要完成的事情。恺撒铝品公司（Kaiser Aluminum）以及恺撒永久保健系统（Kaiser-Permanente health care system）的创办人，富有的企业家亨利·J.恺撒（Henry J. Kaiser）说："有无数证据显示，除非你为人生定下某些目标，否则你无法做到最好。"换言之，如果你不尝试积极发掘你的使命，你很可能会把一生的时间浪费在错误的事情上。

根据奥地利心理学家、奥斯维辛集中营幸存者维克多·法兰克尔（Viktor Frankl）的说法："每个人的一生都有着特殊的使命或任务。这个人是无可取代的，他的人生也不能重来。因此，每个人的任务，就像他实现这项任务的特定机会一样独一无二。"我们每个人生来都有着一个使命。我们的责任，以及我们最大的喜乐，就是去认清这个使命。

以下是协助你认清使命的一些可以自问的问题：

我在追寻什么？ 我们所有人心中都藏有一些强烈的渴望，一些和我们最深沉的想法对话的事情，一些令我们的灵魂燃烧的事情。你需要做的，就是将它们找出来。

为什么我被创造出来？ 每一个人都是与众不同的。想想你的独特能力、你拥有的资源、你的个人经历以及你遇到的机会。如果你能客观地认识这些因素，发现你内心的渴求，你就完成了发掘人生使命的大部分工作。

我相信自己的潜力吗？ 如果你不相信你有潜力，你永远不会尝试去发掘它。你应该接受老罗斯福总统的建议，他说："做你能做的事，利用你所拥有的一切，从你现在的位置开始。"如果你接受他的建议，同时专注在你的人生使命上，你离成功就不再遥远。

我何时开始？ 这个问题的答案是：现在。

不断成长，发掘你的最大潜力

小说家H.G.威尔斯（H.G.Wells）认为，财富、名声、地位和权势，都不是衡量成功的因素。真正衡量成功的尺度是，我们可能成为的样子，和我们实际成为的样子之间的距离。换句话说，成功来自我们对潜力的开发。

我们拥有着几乎是无限的潜能，然而很少有人尝试去开发它。许多人任由身边人为他们决定人生的日程表，他们从未真正花时间在自己的人生使命上。他们变成杂而不精、一事无成的人，而不是精通某件事情的专家。

如果你也是这样的，那你应该尽快采取行动、做出改变了。以下四项原则会协助你开发自己的潜力：

1. 专注于一个主要目标

没有人在把精力分散于20个方向后还能发挥潜能。开发潜力需要专注于某一个主要的目标。

2. 专注于不断改进

沃尔玛董事局执行委员会前主席大卫·D.格拉斯（David D.Glass）曾被问及，谁是他最欣赏的人。他的回答是沃尔玛创始人山姆·沃顿。他强调："从我认识他开始，他的生命中没有一天不在改进自己。"致力于不断改进是发挥潜力、取得成功的关键。

3. 忘却过去

我的朋友杰克·海福德（Jack Hayford）是一名优秀的牧师。他曾说："**过去已经死去，如果我们拖着过去的负担，我们将无法获得向明天迈进的动力。**"

你过去可能经历过一些挫折，如果你需要鼓舞，想想那些克服了看似无法克服的障碍的人，例如布克·华盛顿、海伦·凯勒和富兰克林·罗斯福。他们每个人都战胜了无法想象的困难，完成了伟大事业。记住，不管你过去面临过什么，你都拥有重新站起来的潜力。

4. 专注于未来

未来不同于过去，未来是我们必须前往的唯一地方。潜力很难穷尽，无论你是8岁、18岁、48岁或78岁，你依然有进步的空间。你可以在明天变得比今天更好。就像一句西班牙谚语所说的："不往前看的人只会一直落后。"

帮助别人，提升他人的价值

当你了解了自己的人生使命，且不断成长、最大限度地发掘了你的潜力之后，你就已经在成功这段旅途上走得很远了。然而，你的成功还应包括一项不可或缺的要素：帮助他人。缺少了这一环，这趟旅程可能会是寂寥又浅薄的经历。

人们常说，我们用我们所得到的来过日子，我们用我们所施予的来生活。内科医师、神学家、哲学家阿尔伯特·史怀哲（Albert Schweitzer）对此持有鲜明的态度："人类生活的目标在于服务他人，以及展现帮助他人的意愿。"这个理念引领他去到非洲，在那里服务人们多年。

而对你而言，帮助别人，或许并不意味着要到另一个国家去为穷人服务，除非那是你生来就要完成的使命。像大多数普通人一样，帮助他人就是一些身边普通的事情，包括花更多时间陪伴家人，培养一个显露潜能的员工，在社区协助别人，或为了团队利益而暂时牺牲自己的利益。

关键是要找到你的使命，然后在你追求这个使命的同时协助他人。演员丹尼·托马斯（Danny Thomas）认为："我们所有人出生都有着一个理由，然而并非所有人都能找到这一理由。人生的成功与你在生命中获得的一切，或为自己而成就的事情无关，而是在于你为他人付出的一切。"

> 我们用我们所得到的来过日子，我们用我们所施予的来生活。

正确认识成功，能帮助你无论何时何地都对自己和人生保持积极的态度。而如果你能协助你所领导的人正确看待成功，他们也能始终怀抱希望，并达致成功。所有人，不管天赋、教育背景，或出生背景如何，都有能力了解自己的使命，不断成长，挖掘最大潜力，以及帮助别人。而协助他人正是领导力的真正意义所在。

不过，如果你想成为一名拥有正确态度的成功的领导者，你还必须知道另一个真理。你会在本章最后一节找到它。

08 一个领导者如何不断进步

领导者必须有所放弃，才能有所提升。

如今，有许多人想要攀上更高的位置，因为他们相信自由与权势是上面等着他们的奖赏。他们不了解的是，**领导力真正的本质，其实是牺牲**。

大部分人都承认，在领导力生涯的初期，牺牲是有必要的。人们会为了获得潜在的机会而放弃许多事情。举例来说，汤姆·墨菲（Tom Murphy）于1937年开始在通用汽车公司工作。他差一点就拒绝公司当时给他的第一个职位，因为一个月100美金的薪水，根本不足以满足他的生活需求。尽管待遇不理想，他终究还是接受了这份工作，认为这个机会值得一定的牺牲。他是对的。墨菲最后成为通用汽车公司的董事长。

但你要认识到，牺牲在领导力中是持续的事情。它是一个不间断的过程，而不只是一时的付出。这是每一位成功的领导者都必须持有的态度。当我回顾自己的职业生涯时，我发现自己在往前迈进的过程中，总会付出代价。从我22岁开始，每一次我换工作，这种代价就在我的财务上反映出来。当你知道这一步走对了，就不要对牺牲有迟疑。

你必须有所放弃，才能有所提升

想要提升自己的领导者，不仅必须接受偶尔的报酬降低，还要放弃某些权利。就像我的朋友杰拉德·布鲁克斯（Gerald Brooks）说的："一旦你成为一个领导者，你就失去了为自己着想的权利。"对每一个人来说，牺牲的本质或许不一样。领导者有所牺牲，才能有所提升，这无论对哪一个行业的领导者来说都是真理。领导者攀登得越高，他所需要做出的牺牲就越大。

攀登得越高，放弃得越多

想想美国总统必须放弃什么，才能得到总统的职位，进而维持他的地位。他的时间不再是他自己的，他时刻都处在监督之下，他的家人也承受着极大的压力。关于政策方针，他必须做出可能会牺牲无数人利益的决定。甚至在他卸下职位之后，他的余生也都要与保护他人身安全的特工人员为伴。

领导人攀登得越高，他就必须放弃得越多。想想像马丁·路德·金这样的人。他的妻子科雷塔·史考特·金（Coretta Scott King）曾经在《我与马丁·路德·金的日子》（*My Life with Martin Luther King, Jr.*）中谈道："我们家的电话日日夜夜都会响，有人会用一连串叵怕的用词叫嚣……通常那些人到最后都会威胁，如果我们不离开这座城市，就要杀掉我们。然而尽管存在着那些危险和我们私人生活的混乱，我仍然充满斗志，甚至振奋不已。"

马丁·路德·金在追求毕生事业的过程中，多次被捕入狱。他被扔石块、被刺伤、被攻击。他的房子被扔过炸弹。然而他的梦想，以及他的影响力，不断延伸着。最后，他牺牲了他所有的一切。在他于孟菲斯市被杀前一晚的最后一场演讲中，他说道：

> 我现在不知道会有什么事发生在我身上。我们前面还有艰苦的日子，但那现在对我来说一点都不重要，因为我曾经到达过山顶，我不在乎。就像其他人一样，我想活得长久。长寿有它的价值，然而我现在不会考虑这件事，我只想执行上帝的旨意。上帝让我登上山巅。我四处观看，看到了充满希望的乐土。我或许不会和你一起到那儿，不过我要你们知道，今晚身为同一种族的我们，将会到达那片乐土。因此今晚我很开心……我不怕任何人。我的眼睛曾经目睹上帝降临的光辉。

第二天，他付出了最大的代价。他的影响力极为深远，他影响了无数的人和平反抗这个拒绝接纳他们的体系和社会。

成功者发现的真理，在他们成为领导者之后会变得更为清晰。没有牺牲的态度，就不会有成功。你想要获得的领导力级别越高，你就必须做出越多的牺牲。要提升，你就必须放弃。那就是领导力的真正本质，那就是正确态度的力量。

LEADERSHIP

领导技能篇

人们会宽容坦诚的错误，不过如果你破坏了他们的信任，要重新挽回则非常困难。这也正是你必须将信任视为你最珍贵资产的原因。你或许可以愚弄你的老板，但你绝不能欺骗你的同事或下属。

——克雷格·威瑟亚珀

REAL SUCCESS
麦克斯维尔成功启示录

1. 缺乏领导能力的人的成功，只是有限的成功。

2. 你不一定要辛苦地工作，但一定要聪明地工作。集中精力处理三四件高度优先的事情，是每一个领导者必备的能力。

3. 管理者能维持方向，然而他们却无法真正做出改变。要让人们朝着新的方向前进，你需要的是影响力。

1

第一部

领导者的成长

01 作为领导者，为什么必须成长

> 领导力越高，就越有成效。

我通常会以解释所谓"盖子法则"（the Law of the Lid）来作为领导力讲座的开场，因为这个法则能帮助人们了解领导力的价值。倘若你能掌握这个原则，你将会发现领导力对于生活各个方面的惊人影响。这个原则就是：领导能力是决定一个人成效的"盖子"。一个人领导能力越低，他潜能的"盖子"就会越低；而领导力越高，就越有成效。举个例子，如果你的领导力指数是8，那么你的成效永远不可能超过7；如果你的领导力指数只有4，那么你的成效就不会超过3。无论如何，你的领导能力都会持续地决定你的成效和你对组织的潜在影响。

让我给你讲一个故事来说明"盖子法则"。

1930年，一对名为迪克（Dick）和莫里斯（Maurice）的年轻兄弟从新罕布什尔州搬到加利福尼亚州追寻他们的美国梦。他们当时刚从中学毕业，发现家乡的机会不多。因此他们前往好莱坞，并在一个电影片场找到工作。

过了不久，他们在娱乐产业上的创业精神和兴趣促使他们在距离好莱坞约5英里（约8千米）的格兰岱尔小镇开了一家电影院。尽管付出了全部心力，两兄弟还是无法让生意有起色，他们只好寻求更好的商机。

新商机

1937年，这对兄弟在格兰岱尔镇东边的帕萨迪纳镇开了一家小型的免下车餐厅（又称为"汽车餐厅"）。20世纪30年代的南加州人变得越来越依赖汽车，汽车餐厅也开始在各地如雨后春笋般兴起。顾客将车子开进餐厅边上的停车场，向餐厅的服务员点餐，然后就在车里接取托盘上的食物。整套餐食都放在瓷盘上，还附有玻璃器皿和金属餐具。

迪克和莫里斯的小型汽车餐厅一举成功。他们在1940年将餐厅迁到距洛杉矶50英里（约80千米）的一个新市镇。两兄弟增加设备，并将菜单从原来的热狗、薯条、奶昔，更新到牛肉和猪肉三明治、汉堡以及其他品种。他们的生意一下火了，年销售额达20万美元，兄弟俩每年可分得5万美元的利润。这个数目让他们成为小镇上的商业精英。

到了1948年，直觉告诉他们，时代正在改变，因此他们调整了餐厅的运作模式。他们取消了对开车进来的顾客的服务，只服务走进餐厅的客人。兄弟俩减少了菜单上的餐点，只专心卖汉堡。他们淘汰了盘子、玻璃器皿和金属餐具，改用纸类产品。他们降低了成本和售价，还创造了所谓的快速服务系统。他们把厨房变得像一条装配线，所有人都专注在快速服务上。他们的目标是在30秒内完成一个客人的点餐，而他们成功办到了。到20世纪50年代中期，他们年收入高达35万美元，而这时迪克和莫里斯每年可各分得10万美元。

这对兄弟就是麦当劳兄弟。迪克·麦当劳和莫里斯·麦当劳赢得了大赌注，后来的一切就创造历史了，是吗？错！麦当劳兄弟没有下一步的进展，因为他们错误的领导方式限制了他们的能力，导致他们无法继续成功。

故事背后的故事

的确，麦当劳兄弟在经济上是很稳当的。他们的餐厅是当时美国最赚钱的餐饮企业之一，而他们在顾客服务和厨房管理上简直是天才。他们的才能在餐饮服务界得到广泛认可，来自国内各地的人们都想学习他们的方法。他们一度每个月接到大约300通电话和来信，这让他们有了推广麦当劳概念的想法。

特许经营餐厅的概念已出现了数十年。对于麦当劳兄弟来说，这似乎是一种不用自己再开另一家餐厅就能赚更多钱的方法。他们在1952年尝试将这个想法付诸行动，却令人沮丧地失败了。原因很简单：他们缺乏必要的领导力来有效地执行计划。

迪克和莫里斯是优秀的餐厅业主。他们知悉如何运作企业，让系统高效，降低成本并且增加收益。他们是富有效率的管理者，却非领导者。他们的思维模式像一个盖子，沉重地压制着他们的潜力。在他们事业达到巅峰之时，迪克和莫里斯发现自己违反了"盖子法则"。

真正的领导者

两兄弟在1954年与一个名叫雷·克拉克（Ray Kroc）的人合作，这位仁兄"曾经"是个领导者。克拉克一直经营着一家自创的小公司，该公司出售制作奶昔的机器，麦当劳是他最大的客户之一。当他一看到这家店，就发现了它的潜力。他的脑海中浮现出这家餐厅扩展到全国各地、拥有数百家分店的景象。他很快便与迪克和莫里斯签下合约，并于1955年成立了麦当劳系统公司，后来改称麦当劳公司。

接着，克拉克立即买下总经销权，好将它作为出售特许经营权的模式和标准。然后他组织了一个团队，设立了一个机构，让麦当劳成为全国性的企业。

在刚开始的那几年，克拉克做出了相当多的牺牲。尽管已是50多岁，他还像30年前刚开始创业一样长时间工作。他舍弃了他喜欢和精通的许多奢侈运动。在他与麦当劳合作的前8年，他没有报酬。他个人也利用银行贷款和人寿保险，来支付他团队中几位关键领导者的薪资。他的牺牲得到了回报。在1961年，克拉克以270万美元从麦当劳兄弟手中购得了麦当劳专营权，接着他让这家餐厅摇身一变成为一家全球性机构。克拉克的领导力，很明显比麦当劳的前任老板们更高。

在迪克和莫里斯尝试销售他们食品服务系统的特许经营权的那些年中，他们将这个概念卖给15个买主，其中只有10个真正开设了餐厅。而克拉克的"领导盖子"则一飞冲天。在1955年到1959年期间，克拉克就成功地开设了100家餐厅。4年后麦当劳累计已有500家。如今，麦当劳早已遍布全世界。领导的能力，或者更准确地说，领导能力的缺乏，正是麦当劳兄弟成效的"盖子"。

缺乏领导力的成就

我相信每个人都可以获得成功。然而我也认为，**缺乏领导能力的人的成功，只是有限的成功**。一个人的影响力，需要领导力的加持。你想给人们带来更大的影响，就必须具备更强的领导力。你能获得的成就，都受限于你领导他人的能力。

让我给你一个画面来解释我的意思。假设你的成功程度是8分（从1到10分来算），那已经很不错了。保守地说，麦当劳兄弟就在那个范围内。但是，你的领导能力只有1分，那么你的成效水平看起来就会像这样（阴影部分）：

缺乏领导力的成功

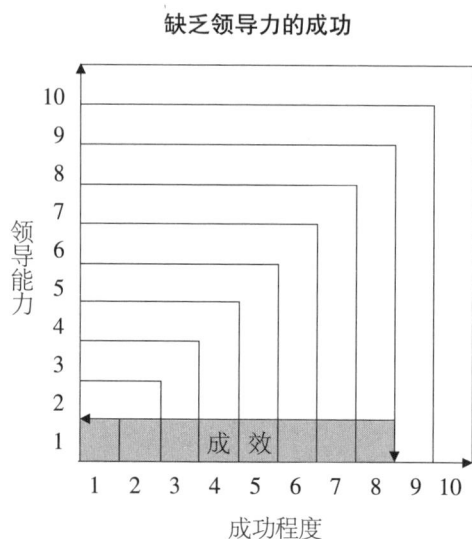

　　想提升你的成效水平，你有几个选择。你可以通过更努力地工作，让自己变得更优秀，一直向10分努力。但是，边际效益原则告诉你，你的成就水平只能提升到某一程度，之后，你的收益将和付出的努力不成正比。换句话说，要拿到最后2分所需的努力，可能比达到前8分更多。如果你真的玩命工作，或许你可以能让你的成效提升25%。

　　不过，你还有另一种选择：你可以致力于提升领导力的层次。你把自己培养成为一个领导者，最后，假设你的领导才能达到6分，结果看起来会像下面的图：

有了领导力的成功

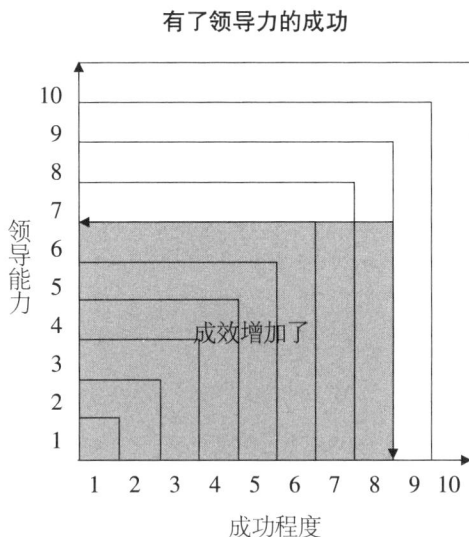

成功程度

依靠提高你的领导才能，你的成效水平要比原来高500%！如果你将领导力提升到8分，这和你成功的程度相对应，那么你的成效将会提升700%之多！我一次又一次地在各种企业和非营利组织中见识到领导力的力量。这也是我之所以坚持教授领导力数十年如一日的原因。

为了组织的发展，更换领导者

领导才能一直都是个人与组织成效的"盖子"。如果领导力强，"盖子"就会在高处；相反，组织就会受限。这正是为什么在面临困难的时候，组织会很自然地去寻求新的领导者。一个国家在经历困顿时，就会选出一名新总统；一所教会陷入困难的境地，就会寻找新的主任牧师；一个运动队屡尝败绩，它就会寻找新教练；而当一家公司不断亏损，它就会聘请新的CEO。

几年前，我遇到了丹·史蒂芬森（Dan Stephenson），他是圣地亚哥全球休闲游乐资源公司（Global Hospitality Resources，Inc.）的董事长。他的公司接管财务状况不良的酒店和度假景点，管理许多高档的度假酒店。

> 为了得到最高程度的成效，你必须提高领导才能的"盖子"。

我和他共进午餐，问到他公司的情况。史蒂芬森说，一旦他们进入和接管一个组织，他们总是从两件事开始。首先，他们会训练所有员工改进顾客服务水平；然后，他们会辞退原有的领导者。当他这么对我说的时候，我很讶异。

我问道："你总是会辞掉他们？每一次吗？"

他说："是的，每一次都如此。"

"你不会先和那个人谈谈吗，看看他是否是一个好的领导者？"我说。

"不会，如果他是一个好的领导者，组织就不会一团糟了。"他回答。

我想，这就是"盖子法则"。为了得到最高程度的成效，你必须提高领导才能的"盖子"，不管是以何种方式。

有幸的是，将原来的领导者炒鱿鱼并非唯一的办法。我在演讲中指出"盖子"的存在时，也同时教人们如何将它提升。

02 作为领导者，如何成长

领导力需日积月累，非一朝一夕可得。

成为一名好的领导者就好像在股市中成功地投资，如果你期待在一天内获利，那么你一定不会成功。关键在于你长期以来每天累积的过程。我的朋友泰格·秀特（Tag Short）主张：**"我们成功的秘诀隐藏在我们每天的日程表中。"** 如果你持续投资于领导力的培养，随着时间的流逝，成长会自然地来临。

我在演讲教授领导力的时候，人们总是会问我，领导者是否是天生的。我总是这么开玩笑："噢，是的，当然是天生的……我还没有遇过以其他方式来到世间的领导者！"大家都笑了，接着我会认真回答问题：领导力是否是一个人天生具备或不具备的东西。

尽管的确有些人天生比别人有更出色的天赋，不过领导能力确实是一种技巧的累积，而几乎所有的技巧都可以学习和改进。然而，这个过程并非一朝一夕发生。领导力是很复杂的，它有很多方面：尊重、经验、情绪控制、人际关系、纪律、愿景、动势、时机等。你会发现，许多影响领导力的因素是无形的，这也正是领导者需要非常多的条件才能产生成效的原因。我过了50岁，才真正开始了解领导力的诸多方面。

领导力成长的四个阶段

无论你目前是否具备出色的领导能力，要实现成长和进步，就必须经历以下四个阶段：

1. 第一阶段：我不知道我不知道什么

大部分人并不明白领导力的价值。他们认为领导力是为数极少的人，也就是那些在企业或其他机构高层的人们才拥有的。他们不知道自己因为没有学习领导力而错过的机会有多少。当一所大学的校长告诉我，仅有少数学生选修学校所提供的领导力课程时，我才意识到这个事实。为什么？因为仅有少数的人视自己为领导者。如果学生们知道领导力就是影响力，且在每一天中，大部分人通常都会尝试影响至少四个人这一事实，他们或许会更有动力去学习这门课程。一旦一个人不知道他不知道什么事情，很遗憾，他就不会有所成长。

2. 第二阶段：我知道我不知道什么

通常在人生的某个阶段，我们虽身为领导者，但环顾四周却发现没有人跟随自己。此时，就是我们明白必须学习如何领导的时候。当然，在这个时候，这种学习的过程才可能展开。英国前首相本杰明·迪斯雷利表示："意识到你对事实的无知，是获取知识的一大步。"

那正是我在1969年第一次担任领导者时所发生的情况。在那以前，我一直担任运动队队长，也曾经在大学担任学生会主席，因此我早已视自己为领导者。然而，当我尝试在现实社会中领导人们时，我才发现了可怕的实情，这促使我开始收集学习资源，并努力学习。我同时还有了另一个想法：我致信给我所在领域的十大顶尖领导者，表示愿意以100美元来换取他们半小时，让我向他们问问题（那对于1969年的我来说，是相当大的一笔钱）。

在接下来的几年中，我和太太玛格丽特将每一次度假都安排在这些人的居住地附近。如果一个住在克里夫兰的领导者答应了我的请求，那么那一年我们就会在克里夫兰度假以便和这位领导者碰面。而我的行动的确有了收获。他们和我分享关于领导力的深刻体悟，那是我用其他方法无法学习到的。

3. 第三阶段：我成长、顿悟，成效开始显现

当你认清自己缺乏技巧，开始约束自己去提升领导力时，成效就会开始显现。

前些日子，我在丹佛市给一群人讲课，在这些人当中，我注意到一个相当机灵的19岁孩子布莱恩（Brian）。几天来，我看到他勤奋地抄笔记，在休息时间我还和他聊了几次。有一次课上，当我讲到"领导力是一个过程"的时候，我请布莱恩站起来。我说道："布莱恩，我一直在看着你，我对你渴求学习和成长的态度印象深刻。我要告诉你一个将会改变你一生的秘密。"在场的人似乎都将身子往前靠了一点。我继续说：

> 我相信在大约20年之内，你就会成为一名优秀的领导者。我想鼓励你让自己成为一个终身的领导力学习者。阅读书籍，经常听音频资料，继续参加研讨班。每当你发现一些箴言警句，或一段有意义的引述，将其存档起来以备不时之需。
>
> 这并不容易，但是在5年之内，当你的影响力增强的时候，你将会发现自己的进步。而10年内，你将培养出更多领导才能。

20年后，你仅有39岁，如果你继续学习和成长，其他人会开始请你教授他们领导力。有的人将会相当惊讶，他们会说："他是怎么突然变得这么有智慧的？"

布莱恩，你可以成为一名出色的领导者，但那并非一朝一夕可以成就的，现在就要开始付出代价。

4. 第四阶段：我有所行动

当你处在第三阶段，你可以成为一名很有成效的领导者，但你每一次采取行动前还是需要深思熟虑。一旦你进入第四阶段，你的领导能力几乎是自然而然产生的。此时是获得丰厚回报的时候了。到达这个阶段的唯一方法，是认清过程并且付出代价。

从现在开始学习

领导力需日积月累，非一朝一夕可得，这是事实。好消息是，不管你何时开始努力，你都可以变得更好。这对于曾经站在世界领导力舞台上的人们来说，也同样适用。有些美国总统在位时仍然继续成长，后来成为更杰出的领导者，例如前总统吉米·卡特（Jimmy Carter）。当他在白宫时，曾有人质疑他的领导能力。然而卸任后，卡特的影响力持续增强。在"仁人之家"（Habitat for Humanity）和其他慈善组织中，他展现出了高度的奉献精神，提升了自己的影响力。人们现在对他的人生选择感到由衷钦佩。

天天向上

有句古老的谚语是这么说的："冠军不是在场上成为冠军的，他们只是在那里接受人们的褒奖而已。"一点也没错。如果你想知道一个人是如何成为冠军的，就观察他的日常。前重量级拳击冠军乔·弗雷泽（Joe Frazier）说："你可以画出一幅蓝图。然而行动一旦开始，你就会回归到本能状态，那是展现你日常积累成果之处。如果你想在黎明的黑暗中欺骗他人，你就会在明亮的阳光下暴露缺点。"即使一个人具备很高的天赋，他也必须精心准备和努力训练，方能成功。

美国的杰出领袖西奥多·罗斯福总统，是拳击爱好者。事实上，他最著名的一段话就是以拳击来作比喻的：

> 重点不在于评论家，也不是指出一个强人如何跌倒，或一个人怎么做才更好的那个人。真正的荣誉属于那个在比赛场上的人，这个人脸上沾满泥土、汗水和鲜血，他英勇地奋战着，他一次又一次地犯错和失败，他有着无比的热忱，并将自己奉献于有价值的目标上。在最好的情况下，他得到最终成就和胜利；在最糟的情况下，如果他输了，至少也是以英勇的姿态倒下，因此他和那些冷酷胆小，既不知道何为成功也不知道何为挫败的灵魂不同。

本身也是拳击手的老罗斯福，不仅是一位卓有成效的领导者，也是历任美国总统中最耀眼的领袖之一。

行动派

老罗斯福热衷于各类体育运动，如有规律的拳击和柔道训练，极具挑战性的骑马和长时间高强度的步行。一名曾经拜访老罗斯福的法国大使，曾谈到他陪这位总统在树林里走路的经历。当两个人来到河畔，发现河水太深无法走过去时，老罗斯福脱去了衣服，并且希望大使也这样做，如此才能游到对岸。对老罗斯福来说，没有任何事情可以难倒他。

他似乎有着无限的热情和精力。1900年，在参与麦金莱（Mckinley）的总统竞选活动时，他作为副总统候选人，发表了673场演讲，奔走了20000英里（约32000千米）之远。在总统任期结束几年后，老罗斯福准备在密尔瓦基发表演说时，被人暗杀，子弹射入胸膛。肋骨受伤且胸部还带着子弹的老罗斯福，坚持完成一个小时的演说之后，才让人把自己送入医院。

体弱多病

在美国的历任领袖之中，老罗斯福是最坚强的一位，不管是身体上还是心理上。然而他并非一开始就这样。这位牛仔总统出生于曼哈顿一个富裕家庭。在幼年的时候，他是个体弱多病的孩子：气喘，视力不佳且相当瘦弱。他的父母甚至不确定他是否能存活。

12岁时，罗斯福的父亲告诉他："你有聪明的头脑，却没有健康的身体，而没有身体的协助，头脑就无法发挥应有的作用。你必须要锻炼身体。"老罗斯福开始每天训练自己的身体和头脑，终其一生都如此。他参与举重、健行、溜冰、打猎、划船、骑马、拳击等运动来锻炼身体。从哈佛大学毕业的时候，老罗斯福已经做好了充分的准备去迎接政治世界的挑战。

成功并非一朝一夕

老罗斯福并非在一朝一夕就变成杰出领袖的。他的总统之路是缓慢而持续的成长过程。从纽约市警总局局长到美国总统，在这些不同的职位上，他持续不断地学习与成长，提升自己，并最终成为一名杰出的领导者。

老罗斯福的事迹令人印象深刻。在他的带领之下，美国崭露头角，跃升为世界头号大国。他发展海军，兴建巴拿马运河。他还曾赢得了诺贝尔和平奖。因为他是麦金莱总统遇刺后继任为总统的，所以人们对他的领导能力有所质疑，但他借由参与竞选，再次连任，获得了当时历任总统有史以来最多的票数，证明了自己。

作为一个行动派，老罗斯福在1908年结束总统任期后，立即前往非洲，在当地领导一个由史密森学会赞助的科学考察队。

1919年1月6日，老罗斯福在纽约家中于睡眠中辞世。当时的美国副总统马歇尔（Marshall）说道："只有死亡能让他长眠，因为如果老罗斯福仍醒着，就少不了一场战斗。"当人们将他从床上搬下来的时候，在他枕头下面发现了一本书。直到最后一刻，老罗斯福仍在努力学习和进步。

每个人都有成功的潜力，但这并非一朝一夕可以达成，需要不懈的努力。你必须认识到，成为一名领导者是一个过程。领导力不是一天内培养而成的，它是一生的事情。

2

第二部

领导者的特征

03 如何变得自律

你第一个领导的人就是你自己。

达到顶峰的过程是相当艰难的。很少有人能被视为自己领域的顶尖人物，能被认为是最杰出的，则更是少之又少。杰瑞·莱斯（Jerry Rice）就是这样一个人。他被称为有史以来最出色的橄榄球外接手，他创下的纪录足以证明这一点。

认识他的人都说他是个天生好手。他天生就具备惊人的体能，然而单单是这些天赋还不足以让他如此出色。他成功的关键在于他的自我约束。他日复一日的练习和准备工作，是其他橄榄球员无法做到的。

在中学的训练中，莱斯的教练查尔斯·戴维斯（Charles Davis）让他的球员们在高40码（约37米）的山丘上下疾跑20次。在一个特别闷热的日子，莱斯跑了11次后打算放弃。当他偷偷走向更衣室时，才意识到自己在做什么。他这么告诉自己："不要放弃，因为你一旦进入放弃的思维状态，你就会开始觉得无所谓了。"他回去继续完成冲刺的训练，之后他再也没有放弃过。

莱斯在另一座山丘——位于加利福尼亚州圣卡洛斯的一条2.5英里（约4千米）的崎岖跑道——进行冲刺训练，这让他声名大震，这也成为莱斯锻炼计划中的固定项目。其他顶尖球员尝试跟上他的步伐，却失败了，因此对他的耐力惊叹不已。但那只是莱斯固定训练的一部分而已。即使是在非赛季时段，其他球员都去钓鱼或享受假期的时候，莱斯依然坚持训练。

他的队友表示："对莱斯来说，橄榄球是全年12个月的事情。他是个天生好手，然而他仍不懈怠。这正是好手和顶尖好手的差别。"

不管一个领导者多么有天赋，缺乏自律，他的天赋就不能最大程度地发挥。

莱斯在1997年登上了职业生涯的另一座高峰，而这时他刚从一场相当严重的受伤中复原。在那之前，他从未错过19个橄榄球赛季中的任何一场球赛，证明了他严守纪律的职业道德和绝对韧性。当他在1997年8月31日膝盖受伤时，人们都认为他在那个赛季不可能再战了。毕竟，曾经有过类似的受伤，而还能在同一个赛季中重返赛场的，只有一个球员，罗德·伍德森（Rod Woodson），他花了四个半月让膝盖复原。莱斯则花了三个半月——凭着足够的勇气、决心和惊人的自律。

严格自律

莱斯是展现自律的力量的绝佳例子。缺少自律，没有人可以获得和保持成就。不管一个领导者多么有天赋，缺乏自律，他的天赋就不能最大程度地发挥。

如果你想成为一名拥有自律品质的领导者，以下是你要遵守的要点：

1. 不要找借口

要培养一种有约束力的生活方式，你的首要任务之一是改掉找借口的习惯。正如法国古典作家拉罗什富科（Rochefoucauld）说的："我们所有的过错，几乎都比我们想出来遮掩这些错误的方法更值得原谅。"如果你有很多无法自律的理由，你会发现那些理由都只是一堆借口而已。作为领导者，如果你要成长到更高层次，就必须抛弃这些借口。

2. 在工作完成之前不要给自己奖励

作家麦克·德兰尼（Mike Delaney）有一番睿智的见解："任何给游手好闲者和工作卖力者提供同等报酬的企业或行业，迟早会发现，游手好闲的员工，比工作努力的员工更多。"如果你缺乏自律，你或许会发现自己有在吃蔬菜之前就先吃甜点的习惯。

一对老夫妻在一个露营地待了一段日子后，有另一个家庭也来到此地。这家人的车子停下来，夫妻俩和三个孩子一同从车内出来。其中一个孩子赶忙卸下小冰箱、背包和其他东西，另外两个小孩很快将帐篷搭起来。他们的营地在15分钟内就布置完成了。

这对老夫妻相当惊讶。老先生佩服地对那位父亲说："你们的合作真是默契啊！"

"你只需要立一个规矩，"父亲回答道，"在营地搭好之前，谁都不许上厕所。"

3. 专注于结果

如果你把注意力集中在困难上，而非工作的结果或报酬时，你就会感到气馁。老想着要面对的困难，一旦时间长了，你将会产生自怜感，而非自律。当你面临一项必须执行的工作，如果你只想着怎么做更方便，而没有思考应该付出什么代价才能完成目标，那你应该尝试改变你的关注点。想想你的付出能够带来的好处，然后埋头苦干。

如果你具备一定的才能，有许多行动，却少有成果，你或许是缺乏自律。

作家 H. 杰克逊·布朗（H. Jackson Brown）有这样的妙语："缺乏约束的才能，就如同穿着溜冰鞋的章鱼，动作一大堆，然而你永远不知道你会前进、后退还是往旁边去。"如果你具备一定的才能，有许多行动，却少有成果，你或许是缺乏自律。

现在，检视一下上星期的行程，你花了多少时间在持续的、有纪律的活动上？你从事过任何提高你的职业技能的事情吗？你做过任何有利于身体健康的运动吗？你是否将部分收入作为储蓄或投资呢？如果你有拖延症，你就需要在自律上面下功夫。

04 如何按优先次序安排生活

> 明确不同事情的优先次序，以及为一个既定目标努力
> 工作的能力，是一个领导者成功的基本要素。

持续不断实现一个预先设定的目标的过程，是很多人对于成功的定义。这个定义能让我们领悟到，明确不同事情的优先次序，以及为一个既定目标努力工作的能力，是一个领导者成功的基本要素。事实上，我认为它是领导力的关键。

许多年前，在学习商业课程的时候，我学到了"帕累托法则"，也就是所谓的20／80法则。虽然当时我对此只是略知一二，我仍开始将其运用在我的生活中。几年后我发现，这个法则是任何人、任何组织决定优先次序时最有用的工具。

帕累托法则：20／80法则

你20%的优先事项，会为你带来80%的成果。前提是，你花费时间、

精力、金钱和人员在你前20%的优先事项上。

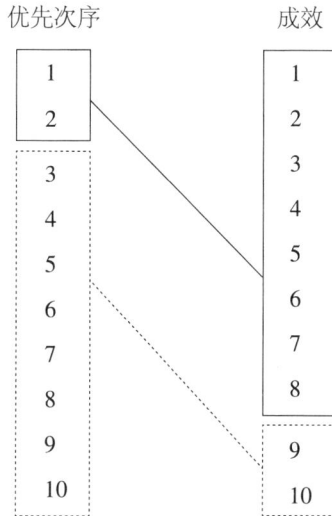

优先次序	成效

```
优先次序          成效
┌─────┐       ┌─────┐
│  1  │       │  1  │
│  2  │       │  2  │
└─────┘       │  3  │
┌─────┐       │  4  │
│  3  │       │  5  │
│  4  │       │  6  │
│  5  │       │  7  │
│  6  │       │  8  │
│  7  │       └─────┘
│  8  │       ┌─────┐
│  9  │       │  9  │
│ 10  │       │ 10  │
└─────┘       └─────┘
```

在以上20／80法则的图表中，实线代表一个人或一个组织花费时间、精力、金钱和人员于最重要的优先事项上以及这种做法带来的成效，成效回报是另一种做法的4倍。虚线部分则是表示一个人或组织将时间、精力、金钱和人员花费在比较次要的项目上，结果是产生相当少的回报。

1. 帕累托法则之范例

- 时间　　　20%的时间，产生80%的成果。
- 交际　　　20%的人，占用我们80%的时间。
- 产品　　　20%的产品，带来80%的收益。
- 阅读　　　20%的书，包含80%的内容。
- 工作　　　20%的工作，为我们带来80%的满足。
- 演讲　　　20%的演说，产生80%的影响力。
- 捐献　　　20%的人，捐献80%的金钱。

- 管理　　20％的人，做出80％的决定。
- 野餐　　20％的人，吃掉80％的食物！

每一个领导者都要明白帕累托法则在人员管理和领导力领域中的应用。举例来说，一个组织有20％的人将负责带来80％的成果。以下策略能让一名领导者增强自己组织的生产力。

- 决定谁是那20％的生产者。
- 将你80％的人际交往时间花在20％的生产者身上。
- 将你80％的发展经费花在20％的生产者身上。
- 确定哪些20％的工作能带来80％的收益，并安排一名助理来执行另外80％成效较低的工作。这会让生产者专注于进行他们最拿手的工作。
- 请20％的生产者对下一批20％的员工进行培训。

我在领导力研讨会上教授这个法则时，经常有人问："我如何辨认组织里前20％的带动者／生产者？"我的建议是，列出一张公司或部门内所有人的清单。接着，针对每一个人，问自己这样的问题："假如这个人不再支持我，会造成怎样的影响？"如果你将无法继续工作，就在那个人的名字旁边打个钩。如果这个人能协助你或伤害你，但却无法影响你完成重要事情，就不要在这个名字旁边打钩。当你完成打钩之后，你可能会得到15％—20％的名字。那些就是需要重视的重要人物，你需要给这些人提供适当的资源，才能让组织茁壮成长。

2. 井井有条或一团乱麻

记住，你不一定要辛苦地工作，但一定要聪明地工作。集中精力处理三四件高度优先的事情，是每一个领导者必备的能力。

> 所有事情都在进行的生活最终会成为没有进展的生活。

以下建议告诉你如何安排事情的优先次序：

- 高重要／高紧急：首先处理这些事情。
- 高重要／低紧急：确定最后期限，把这些项目安排在你的日程表中。
- 低重要／高紧急：在不需要太多人参与的情况下，寻求快速有效的方式来完成此项工作。如果可以的话，将这个工作委派给你信任的助理。
- 低重要／低紧急：这是繁复或反复性的工作，例如文件归档。将这类工作积累起来，每周花半小时的时间统一处理，或让其他人做这件事情，甚至不必处理。

3. 发起或反应

在每个计划当中，每个人都充当着发起者或反应者的角色。我们的日程表就是由计划组成的，关键不在于"我的日程表是否会排满"，而是"谁排满我的日程表"。作为领导者，他的问题不在于"我要不要去见别人"，而是"我要见谁"。领导者是发起人，而跟随者则做出反应。两者的差别在于：

领导者	跟随者
● 发起	● 反应
● 领导：拿起电话联络别人	● 聆听：等待电话响起
● 花时间做计划	● 做一天和尚撞一天钟
● 预计问题的出现	● 对问题做出反应
● 投资时间	● 花费时间
● 用优先事项来填满日程表	● 用问题来填满日程表

4. 评估或僵持

许多时候，优先事项并不是非黑即白，而是各种层次的灰色调。我发现人们最常碰到的问题是该把什么事放在第一位。以下问题能帮助你安排优先次序：

什么事要求我去做（Require）？ 一个领导者可以放弃任何事情，除了最终责任。在接受一项新工作前，你必须要回答的问题是："什么事情要求我去做？"换句话说是，有什么是我必须做的，别人不能做，只有我能做？不管那是些什么事情，都必须把它们放在优先事项的前几位。在你的职位下有许多层级的责任，只有少数是需要你，而且只有你自己才能做到的事情。请分辨你必须做的事情和你可以委派给他人做的事情之间的差别。

什么能给我最大回报（Return）？ 付出的努力应该与预期的结果相匹配。你必须一再问自己的一个问题是："我做的工作是否是我最拿手的，并且能为我的组织带来收益的？"在许多公司中，经常会出现的三个问题是：

● 滥用：太少的员工做太多的事情。
● 无用：太多的员工做太少的事情。
● 误用：太多的员工做错误的事情。

什么给我带来最大满足（Reward)? 人生苦短，应懂得享受。当我们在享受一份职业时，它就是我们的最佳职业。有一次我在一个领袖会议中提到这一问题。我演讲的题目是《接受这份工作，并爱上它》。我鼓励听众找到他们非常喜欢的，即使没有回报也乐于从事的事情。接着我建议他们把这件事情做到极致，让人们乐于为其支付酬劳。你享受其中，因为你对这个世界有所贡献。

如果这三个R，要求（Require）、回报（Return）、满足（Reward），能够平衡的话，你的工作成效将有明显提升。也就是说，假如一项工作的要求与你的能力一致，且从事那些工作会带给你最大的回报和满足，那么这项工作就应该被列为优先事项。

优先次序原则

1. 优先事项绝不是一成不变的

优先事项总会变化，需要时刻留意。H.罗斯·佩罗特（H. Ross Perot）认为，任何重要的事情，总会时刻处于"刀锋上"，必须不断为之奋斗。安排得当的优先事项，总会处于"刀锋上"。

为了合理安排优先事项，可以采用以下方法：

- 评估：每个月重新检视三个R。
- 排除：问自己有哪些正在做的工作可以交由他人来做。
- 预估：哪些是你这个月正在做的重要事情，要花多长时间完成？

2. 你不能高估每件事情的重要性

心理学家威廉·詹姆斯表示："处事明智的艺术，就是明白应该忽略什么的艺术。"不重要的琐事和俗事占去了我们许多时间，太多人在为错误的东西而生活。

一名年轻的小提琴演奏家被问及成功的秘诀，她回答："有计划地忽略。"她解释说："我在学校的时候，许多事情占用了我的时间。我用完早餐后回到房间，要整理床铺、打扫地板，或者做其他引起了我的注意的事情。然后我要匆匆忙忙地练习小提琴。我发现我进步的程度并不理想，因此我把事情反过来做。在我完成练琴之前，我刻意忽略其他事情。我相信'有计划地忽略'策略，正是我成功的关键。"

3. "好"是"最好"的敌人

大部分人在面临对或错的事情时，都能按照优先次序处理。真正的挑战是，当我们面临两个都不错的选择时该怎么办。假如这两项选择都恰好符合三个R呢？以下是我的建议：

- 询问你的领导或同事，他们更希望你做哪件事。
- 其中一个选择可以由他人处理吗？如果可以，将这件事情委派给他人，然后进行另一项只有你能处理的事情。
- 哪一项选择带来的好处更多？很多时候，我们就像一心想让店铺保持清洁的店主一样，不肯开门经营。经营的真正目的是吸引顾客进门，而不是清理店面！
- 以组织的使命为基础来做决策。

4. 太多的优先事项使我们僵化

你可能也曾经历过在同一时间看着堆满文件的办公桌，听着电话响，同时看到有人开门进来的情景。还记得那种向你袭来的"僵硬感"吗？

威廉·H.辛森（William H.Hinson）告诉我们，为什么驯兽师在进入狮笼的时候会带着一把凳子。他们当然有鞭子，身上也配着手枪，然而他们一定还会带一把凳子。辛森说这是驯兽师最重要的工具。遇到危险的时候，他们拿着凳子，凳脚朝向猛兽的脸。了解动物的人都知道，这只动物的注意力会立刻分散到四个凳脚上。这个时候，一阵麻痹感会袭来，接着这只猛兽就会变得温驯、虚弱且没有威胁性，因为它的注意力分散了（现在我们应该更同情狮子了吧。）

如果你的工作过量，先将你认为的优先事项列在一张纸上，然后再拿到老板面前，看看他会如何选择。

每个月底，我都会为下个月做计划，并安排好优先次序。我会和助理一起，让她将那些计划安排在日程表上。她一个月要帮我处理数百件事情。不过当有一件高度重要且高度紧急的事情出现时，我会通知她，把这件事情列在其他事情之上。真正的领导者都懂得拒绝和放弃，才能得到最好的结果。

5. 不要让琐碎的事情占用我们太多时间

罗伯特·J.麦肯（Robert J.McKain）曾说："大部分主要目标无法达成的原因，是因为我们将时间用在第二优先的事情上。"

生命中琐碎的事情通常会将我们绊倒。一架波音客机在佛罗里达的沼泽地坠毁，就是一个悲剧的例子。这架飞机从纽约出发到迈阿密，机上满载着度假的旅客。当飞机接近迈阿密机场准备降落时，显示起落装置正常运作的灯坏了。当机组人员正在埋头检查，是起落装置不起作用了还是信号灯灯泡坏了的时候，这架飞机以大幅度绕圈的方式飞在沼泽地上方。

工程师尝试换下灯泡，灯泡却纹丝不动。其他机组人员尝试协助他。当大家在奋力处理灯泡时，没有人注意到飞机正快速降落，直接坠入了沼泽之中。许多人在这场空难中丧生。当经验老到的高薪飞行员忙于处理一个价值75美分的灯泡时，他没有意识到这会造成多么大的灾难。

6. 最后期限迫使我们进行优先排序

帕金森法则告诉我们：如果你只有一封信要写，你会花上一整天时间；如果你有20封信要写，你也会在一天内处理完毕。我们工作最有效的时间是什么时候？放假前一个星期！为什么我们不能总是以度假前一个星期的方式来高效工作呢？在正常情况下，我们是有效率的（正确地做事情）；当时间紧迫的时候，我们会变得有成效（做正确的事情）。效率是生存的基础，成效是成功的基础。

効率是生存的基础，成效是成功的基础。

1912年4月14日晚上，泰坦尼克号这艘巨型远洋邮轮在大西洋撞上一座冰山后沉没，无数人丧生。这场灾难中最令人费解的故事之一是关于救生艇上的一名妇女。她问自己是否可以回她的包厢一趟，只要花三分钟。当她决定回到包厢后，她却忽略自己的珠宝首饰，而是匆忙抓了三颗橙子，接着迅速回到救生艇上。

如果在几个小时以前，用一箱橙子来交换她的哪怕一颗小钻石，是十分荒唐可笑的。然而情势瞬间改变了人们所有的价值观。紧急事件使她想清楚了什么是她的优先事项。

7. 对于真正重要的事情，我们常常后知后觉

有一则关于马萨诸塞州参议员保罗·桑格斯（Paul Tsongas)的故事。1984年1月，桑格斯宣布他从参议院退休，且不再寻求连任。他是一名声望日隆的政治明星，是下一任选举中最被选民看好的一位，甚至被视为是未来的美国总统或副总统候选人。

在宣布这个决定的前几周，桑格斯发现他患上一种无法痊愈但尚能治疗的淋巴癌。就各种可能性来说，这并不会对他的身体机能或寿命造成太大影响。这种疾病并没有迫使桑格斯离开参议院，但却促使他面对可能死亡的现实。他可能无法完成他想做的每件事情。那么在他所拥有的剩下的时间当中，哪些是他真正想做的呢？

他想清楚了，在人生中，他最想要的是与家人在一起，并看着自己的孩子成长。他宁愿这样做，也不愿去修改这个国家的法律，或在历史上留下名声。

在他宣布这个决定后不久，一个朋友写了一封信，恭喜桑格斯做了正确的选择。那封信是这么写的："没有人会在他临终时说：'我希望我能花更多时间在工作上。'"

05 如何培养信任

信任是领导力的基础。

一个领导者必须明白信任的作用。在我看来，这就像口袋中的零花钱。每次你做出一个好的领导力决策，就相当于把零钱放进你的口袋，每当你做出一个不佳的领导力决策，就相当于将零钱付给别人。

每位领导者站上一个新的领导岗位时，口袋里都有一定数量的零钱。如果他一个接一个地做出错误的决定，他就得不断地支付零钱。然后有一天，在他做出最后一个错误决策之后，他把手伸进口袋里，却发现零钱已经用完了。无论所犯的错误是大是小，一旦将零钱用完，他就不再是一个领导者。

一个领导者的成功史和失败史会对他的诚信造成非常不同的影响。你犯错时，你手下的人一定会知道，真正的问题是，你是否能坦白承认。假如你坦诚承认，你通常可以很快赢回他们的信任。根据我的经验，在领导力方面，你不能走捷径，无论你的领导经验有多么丰富。

信任是领导力的基础

领导者必须在三个方面做出榜样，以建立信任：能力、关系和品格。在能力方面，人们会通融偶尔的错误，尤其是当他们看到你有所成长时。然而他们不会信任一个有品格缺陷的人，在这方面，即使是偶然的失误也是相当致命的。所有有成效的领导者都明白这个事实。百事可乐公司前董事长兼总裁克雷格·威瑟亚珀（Craig Weatherup）承认："人们会宽容坦诚的错误，不过如果你破坏了他们的信任，要重新挽回则非常困难。这也正是你必须将信任视为你最珍贵资产的原因。你或许可以愚弄你的老板，但你绝不能欺骗你的同事或下属。"

诺曼·施瓦茨科夫将军指出品格的意义："**领导力是策略和品格的有力结合。然而如果你必须舍弃其中一项，就舍弃策略吧。**"品格和领导力是息息相关的。美国工商理事会前会长安东尼·哈里根（Anthony Harrigan）曾说：

> 品格一直是国家兴衰的关键因素。可以确定的是，美国不会是这个历史规则的例外。我们之所以形成一个国家，并非因为我们比较聪明或先进，而是因为我们内心的——我们希望如此——坚强精神。简而言之，品格是唯一能抵抗造成一个国家瓦解或崩溃的内在或外在力量的有效屏障。

品格使信任成为可能，信任则使领导力成为可能。

品格的重要性

领导者的品格会向跟随者们传递许多信息：

1. 持续的品格造就领导力

缺乏内在力量的领导者无法让人信任，因为他们表现出来的能力一直飘忽不定。杰出的NBA篮球明星杰瑞·韦斯特（Jerry West）认为："如果你只有在感觉好的那几天才工作，你在生命中就无法完成太多的事情。"假如你的下属不知道该对你这样的领导者有什么期待，从某种程度来说，他们也不会指望你有什么领导力。

让我们想想20世纪80年代末发生的事情。几名备受瞩目的基督教领袖因为道德问题而犯错堕落。品格缺乏持续性影响了他们的领导力。事实上，这个事件让美国国内所有牧师蒙羞，因为人们会因此质疑所有教会领袖。不管他们个人过去的成就如何，那些堕落领导者的品格缺陷，破坏了他们领导力的基础。

这让我想到比利·格雷厄姆。不管宗教信仰是什么，大家都信赖他。为什么？因为他在超过半个世纪的时间里都是高尚品格的榜样。他每天都严格遵循着正确的价值观生活，他从未做出过自己无法遵守的承诺，他每天的一言一行都展示着诚信。

2. 激发跟随者的潜能

约翰·莫利（John Morley）说："没有人可以打破自己品格的局限。"这对领导力来说尤其如此。以全美冰球联盟教练麦克·基南（Mike Keenan）为例，1997年，他创造了一连串职业冰球的辉煌战绩：常规赛季最多胜利场次的第 5 名，季后赛最多胜利场次的第 3 名，6次分区冠军，4次决赛出场，和1次赢得斯坦利杯。

尽管拥有不错的成绩，基南却无法长期在任何一支球队任教。在11个半赛季中，他带过4支队伍。而在他结束与第4支球队的合作之后，他就再也没有长时间持续一项工作。为什么？媒体这样形容基南："人们不愿意雇用基南是很正常的，他所到之处，都会疏离球员和管理部门之间的关系。"显然，他的球员并不信任他。即使是因队伍获胜而受惠的球队老板，也不信任他。

克雷格·威瑟亚珀解释道："你不能以为光靠说就能建立信任。你必须取得成果来积累人们的信任，并始终保持诚信，亲自关心为你工作的人们。"当一名领导者的品格突出的时候，人们就会信任他，而且他们相信他有能力激发他们的潜能。这不仅让跟随者对未来抱有希望，也能加强他们对自己和组织的信心。

当一名领导者品格突出的时候，人们就会信任他，而且他们相信他有能力激发他们的潜能。

3. 赢得尊重与信任

当你的内心没有力量，就无法赢得外在的尊重，而尊重绝对是长久领导力的基本要素。领导者如何赢得尊重呢？做出明智的决策，敢于承认自己的错误，且把对团队和成员最有利的事情摆在个人事务之上。

领导者的优良品格能让他在跟随者中间建立诚信。然而当领导者打破信任时，他就会丧失领导力。我和我的朋友比尔·海波斯（Bill Hybels）共同为一个研讨班上课。海波斯负责的课程为"一场领导力噩梦的教训"。他分享了对罗伯特·麦克纳马拉（Robert McNamara）和约翰逊政府在越战期间所犯的失误的观察和见解：政府面对多种挑战时无法决定优先次序；接受错误的判断；总统对幕僚冲突的严重疏忽。然而我认为，海波斯的最佳见解，是指出了美国领导者无法面对和公开承认他们在越战当中所犯的严重错误。他们的行为瓦解了美国人民对他们的信任，而从此之后，美国一直受到当时所引发的后果的负面影响。

任何领导者都不可能在失去信任后，还期待对人们有着与之前相同的影响力。信任是领导力的基础。破坏人们的信任以后，你就不再是真正的领导者了。

06 如何有效展示愿景

你只能把握你见到的一切。

华特·迪士尼是20世纪最伟大的梦想家之一，他创造了首部有声卡通电影，首部彩色卡通电影，以及首部长篇动画电影。然而迪士尼最精彩的作品，是迪士尼乐园和迪士尼世界。而那点燃梦想的火花，源自一个出人意料的地方。

在迪士尼的两个女儿都还小的时候，他每个星期六早上都会带她们到洛杉矶的游乐园去。他和女儿们都很喜欢这里。游乐园是孩子的天堂，充满了美妙的想象。

迪士尼对旋转木马特别着迷。当他第一次走近旋转木马的时候，他看到很多模糊炫目的影像，随着朝气蓬勃的风琴音乐旋律快速环绕着。然而当他靠得更近时，旋转木马停了下来，他发现自己的眼睛被骗了。他看着掉漆的破旧木马，只有外围一圈的木马在上上下下地转动着，其他的都纹丝不动地被钉在地板上。

这位漫画家的失望，启发了他一个伟大的愿景。在他的脑海里，他看到一个游乐场，在这里，幻想不会破灭，孩子与大人能享受嘉年华般的气氛。他的梦想成就了迪士尼乐园。就像拉里·泰勒（Larry Taylor）在《成为一颗橙子》（*Be an Orange*）当中所说的，迪士尼的梦想是这样的："没有斑驳掉落的油漆。所有的木马都在跳跃着。"

真正的愿景

愿景是领导者的一切。为什么呢？因为它能引领领导者。愿景勾勒目标。愿景点燃并且燃烧内心的火苗，推动领导者前进。愿景也是跟随者的明灯。一个没有愿景的领导者，只会原地踏步，一事无成。

1. 愿景始于内心

当我在研讨会上授课时，偶尔会有人请我为他的组织写一个愿景。我办不到。你不能购买、乞讨或借用愿景，它必须来自内心。对迪士尼来说，他从来不缺愿景，由于他的创造力和对卓越的追求，他总是能预见各种可能性。

如果你缺乏愿景，就探寻一下你的内心，看看你的天赋和渴望，聆听内心的呼唤，如果你有的话。假如你依然没有找到自己的愿景，可以考虑找一位愿景能打动你的领导者，成为他的伙伴。华特·迪士尼的兄弟罗伊（Roy）就是这么做的。他是一名优秀的商人与领导者，可以高效地完成任务，而华特提供愿景。他们组成了一个卓越的团队。

2. 愿景来自你的过去

愿景并非凭空而来的神秘事物，尽管似乎有些人是这么认为的。它来自一个领导者的过去和他身边的人的经历。迪士尼就是如此。这对所有领导者都适用。和任何领导者交谈，你都会发现他过去的关键经历对他的愿景都极其重要。

3. 愿景满足他人的需求

真正的愿景是影响深远的，它超出一个人所能实现的范围。如果这个愿景拥有真实的价值，它不仅会满足他人的需求，还能提升他人的价值。如果你拥有一个无法为他人服务的愿景，那么它或许太小了。

4. 愿景帮助你汇集资源

愿景就像一块磁铁，吸引并团结着不同的人。愿景也能帮助你汇集资金和其他资源。愿景越大，就越有潜力吸引更多的伙伴。愿景越有挑战性，参与者就越会奋力完成它。宝丽来公司（Polaroid）的创办人艾德温·兰德（Edwin Land）说："你的首要工作是先让人感觉到，愿景是非常重要且几乎是不可能的事情。那会激发他们的斗志。"

专心聆听

愿景来自何处？你要成为一名好听众，聆听几种重要的声音。

1. 内心的声音

正如我所说的，愿景来自内心。你知道自己的人生使命吗？什么东西能够打动你？你梦想着什么？如果你所追求的并非源自你内心的渴望，来自最深处的你自己和你所信仰的事情，你就无法达成这个目标。

2. 不愉快的声音

伟大的想法往往来自周围的不和谐。对现状的不满是愿景的最佳催化剂。你正处于心满意足的巡航状态中吗？或者你渴望改变自己的世界吗？

历史上没有任何优秀的领导者会去阻止改变的发生。

3. 成功的声音

没有人能凭自己的力量独自完成伟大的事情。欲成就伟大愿景，你需要良好的团队。你还需要一位在领导力征途上领先于你的人提供意见。如果你想带领人们走向伟大，你必须找到导师，倾听成功者的忠告。

4. 更高的声音

尽管你的愿景必须发自内心，你也不应该让它被自己有限的能力困住。在探索愿景的时候，你是否曾经留意到自己以外，甚至自己生命以外的事物？如果没有，那么你或许忽略了你真正的潜能以及生命能给予你的最好的东西。

想要完善你的愿景，请做以下事情：

度量自己。如果你曾经思考过人生愿景，度量一下自己，看看它实现得如何。和其他人谈谈，例如你的伴侣、朋友以及重要员工，请他们描述他们所认为的你的愿景是什么样子。如果他们能清楚表达，那说明它正在实现。

做一个内心测试。如果你尚未为愿景采取很多行动，那就利用接下来的几个星期或几个月好好想想它。思考一下，什么能真正打动你的内心？什么事情让你哭泣？什么能使你产生幻想？什么能为你带来能量？

思考一下，在你的周围，有什么是你希望改变的。你看到哪些可能做到，但还没有发生的事情？一旦你的想法变得清晰，把它们写下来，和你的导师谈谈。

思考一下，在你的周围，有什么是你希望改变的。

在 1923 年到 1955 年期间，罗伯特·伍德罗夫（Robert Woodruff）担任可口可乐公司的总裁。在那段时间，无论公司付出多少代价，他都坚持要让世界任何角落的每一名美国工薪阶层能以 5 美分的价格买一罐可口可乐。多么大胆的目标！但这和他心中更大的蓝图相比，根本微不足道。他的梦想是在他有生之年，要让世上每个人都尝到可口可乐。当你在心底和灵魂深处寻找愿景时，你看到的是什么？

3

第三部

领导者的影响力

○7 影响力为什么重要

影响力是衡量领导力的真正标尺。

如果你没有影响力，你将永远无法领导他人。

1997 年夏末，人们为相距不到一个星期内发生的两件事震惊不已：戴安娜王妃和特蕾莎修女双双过世。表面上，这两位女士没有太多相似之处：一位是高挑、年轻、充满魅力且周旋于上流社会的英国王妃；另一位则是诺贝尔和平奖得主，出生于阿尔巴尼亚的天主教修女，娇小、年老，服务印度加尔各答处于极度贫困的人们。

但是，她们的影响力却极为相似。伦敦《每日邮报》（*Daily Mail*）1996 年发表的民意调查中，戴安娜王妃和特蕾莎修女分别被选为全世界第一与第二最有爱心的人物。

要达成这样的成就，你必须要有相当大的影响力。戴安娜是如何被人们视为与特蕾莎修女是同一种人的呢？答案在于她的影响力。

戴安娜抓住了全世界的注意力

1981 年，当戴安娜嫁给英国王子查尔斯时，立刻成为全球热议的人物。有将近 10 亿人观看了戴安娜婚礼的电视直播。自那一天起，人们非常关注有关她的新闻。一开始她似乎极度羞怯，对于她和新婚丈夫所受到的瞩目感到不知所措。在他们婚姻的早期，有些报道指出，戴安娜对于自己身为王妃应尽的责任感到不愉快。然而她终究还是适应了她的新角色。她开始旅行，代表皇室到世界各地参与各种活动，很快便定下目标，要去服务人民，并且为慈善事业募捐款项。在这个过程中，她建立了许多重要的关系，对象包括政治家、人道组织团体、演员等。

戴安娜开始召集发起诸如艾滋病研究、对麻疯病患者的关怀、禁止使用地雷等活动。而最后一项议题引起了世界各地领袖的注意。在她过世前几个月到美国的一次访问中，她会见了克林顿政府的官员，说服他们支持奥斯陆会议达成的禁止使用地雷的建议。几周后，美国政府的立场有了改变。英国红十字会的帕特里克·富勒（Patrick Fuller）说："她为这个议题投入的关注影响了克林顿。毫无疑问，她让这个议题进入世界性的议程中。"

一个真正的领导者

一开始，戴安娜的地位仅提供给她一个向公众演说的平台，但不久后，她就凭着自身努力成为一个有影响力的人。她在 1996 年与查尔斯王子离婚后，失去了原本的地位，然而她的影响力却只增不减，而她的前夫及其姻亲的影响力却式微了，尽管他们拥有皇室的头衔和地位。

出人意料的是，戴安娜甚至在过世后仍继续影响着人们。她的葬礼在电视上和英国广播公司（BBC）播送时，被翻译成44种语言。美国广播公司（NBC）估计观众和听众有25亿人次之多，超过观看她婚礼人数的两倍多。

> 真正的领导力无法被授予、指定或分派。它仅来自影响力。

人们曾用各种方式描述戴安娜王妃，不过我从未听过有人用领导者这个词来形容她。然而，她是个真正的领导者。影响力是衡量领导力的真正标尺。

关于领导力的五个迷思

人们在看待领导者和领导力时，有相当多的误解和迷思，以下五种最为常见：

1. 管理迷思

有一种普遍的误解，认为领导和管理是同一回事。市面上声称为领导力的书籍，通常仍是在管理范畴内。这两者主要差异在于，领导力是影响人们去跟随、听从，而管理则是维持一个系统的过程。测试一个人是否具备领导能力，而非仅仅是管理能力，最佳的方法是要求这个人创造积极的改变。**管理者能维持方向，然而他们却无法真正做出改变。要让人们朝着新的方向前进，你需要的是影响力。**

2. 企业家迷思

人们通常认为，企业家都是领导者。情况并非都是如此。例如有一段时间在美国风靡的电视购物广告。他们卖的是像蔬果机、口袋渔夫、贝壳炒蛋器这类的产品。这些商品的创意，来自一位名叫罗恩·波沛尔（Ron Popeil）的企业家。他被认为是世纪推销员，出现在许多购物节目当中，贩卖包括秃头舒缓喷雾和食物脱水器之类的创意小商品。

波沛尔当然是有事业心、有创造力且成功的，他的产品赚得了3亿美元。然而那并不能让他成为领导者。人们或许会购买他所销售的商品，不过人们并不会跟随他。他充其量只能在某个时刻说服别人，却对他们没有长久的影响力。

3. 知识迷思

培根说："知识就是力量。"有相当一部分人很自然地认为，那些拥有学问和智慧的人是领导者。这样的认识也是片面的。你可以到任何一流大学，拜访那些杰出的科学家和哲学家，他们的思考能力超出了正常水平，然而他们可能并没有什么领导才能。智力并不一定等于领导力。

4. 先驱迷思

还有一种误解是，任何一个走在众人前面的人都是领导者。在前面并不一定就表示在领导。举例来说，爱德蒙·希拉里（Edmund Hillary）是第一个登上珠穆朗玛峰峰顶的人。1953年他历史性地登顶之后，许多人就"跟随"他的脚步，想要达成那样的成就。然而希拉里并不能因此而成为领导者。他甚至在当时的登山队中也不担任领导者的角色，约翰·哈特（John Hunt）才是队长。而希拉里在1958年的"英联邦横跨南极远征队"中，也是一名队员，跟随另一位领导者。一个人想成为一名领导者，不但要领先，还要让人们主动跟随他的领导并实践他的梦想。

5. 地位迷思

人们对领导力最大的误解是认为它是基于地位的，其实并非如此。斯坦利·哈夫提（Stanley Huffty）主张：**"不是地位造就领导者，而是领导者造就地位。"**

让我们来看看多年前发生在卡蒂恩公司（Cordiant）的例子，这家广告公司的前身为"盛世长城广告公司"（Saatchi & Saatchi）。1994年，机构投资者强迫盛世长城公司董事会解雇公司总裁莫里斯·萨奇（Maurice Saatchi）。结果呢？几位主管跟着他离职了。而公司的许多大客户，包括英国航空公司（British Airways）和糖果制造商玛氏公司（Mars），也都跟着离开。萨奇的影响力如此之大，以至于他的离职让公司股票立即从每股8.625美元跌到4美元。萨奇失去了他的头衔和地位，然而他仍是一名领导者。

谁是真正的领导者

在大学毕业后的第一份工作当中，我亲身了解到影响力的意义。当时我是在印第安纳州乡下的一所小教会工作。我的职位是高级牧师，那代表我在该教会拥有领导者的地位和头衔。我有符合资格的大学学历，甚至还曾经担任过牧师。此外，我也曾经接受过父亲的训练，他是一名优秀的牧师，也是一位在教派中很有地位的领导人。这让我有了很好的基础，不过这不会让我成为一名真正的领导者。在第一次董事会议上，我很快便发现，谁才是教会真正的领导者。3年后，当我接受另一项职务时，已经明白了影响力的重要性。我体会到，想在任何组织中获得影响力以及争取成为领导者的权利，需要付出相当的努力。

领导力就是影响力

我很敬佩我的好友比尔·海波斯的领导才能，他是一名高级牧师，他所在的教会也是北美最大的一所教会。海波斯说，他的教会是社会上领导力最强的事业体。许多商人听到那样的论调都会很讶异，不过我认为海波斯是对的。他的信念基础是什么？基于地位的领导力在自愿性组织中是行不通的，如果一个领导者没有影响力，他就毫无成效可言。在其他组织中，有地位者会拥有惊人的影响力。在其他方式都无效时，在军队里，领导者可以利用军阶，把人禁闭起来；在企业里，老板对薪资待遇有着极大的控制力，大部分下属在生计的压力下，都会相当配合老板。

自愿性组织里的人员不会被迫参与任何事情。如果领导者没有影响力，他们就不会跟随他的脚步。

然而在像教会这样的自愿性组织中，唯一能运用的，是最单纯的领导力。领导者只能仰仗影响力的协助。哈瑞·A. 奥弗斯特里特（Harry A. Overstreet）说："所有影响力最根本的本质，是在于让他人参与。"自愿性组织里的人员不会被迫参与任何事情。如果领导者没有影响力，他们就不会跟随他的脚步。如果你是一个企业主，你想知道你的下属是否真的有能力，就派他们去社区当志愿者。如果他们在为红十字会、避难所或当地教会提供服务时，能让别人跟随他们，那么你就可以知道，他们是真正拥有影响力以及领导才能的人。

有一句话我很喜欢："以为自己是领导者却没有跟随者的人，只是在自顾自散步而已。"如果你无法影响他人，他们就不会跟随你；如果他们不跟随你，你就不是领导者。领导力就是影响力。

08 影响力是如何作用的

> 真正的领导力是成为一个别人乐意且有信心跟随的人。

社会学家告诉我们，即使是最内向的人，在他的一生当中，也能影响一万个人！这个惊人的数字，是我的伙伴提姆·艾尔摩（Tim Elmore）告诉我的。艾尔摩和我最后的结论是，我们每一个人都在影响他人，同时也被他人影响着。

影响力是可以培养的

团体中真正的领导者是相当容易被发现的。只要看看人们聚在一起的情况下，当要决定某项议题时，谁的意见最被重视，谁是获得最多赞同的人，最关键的是，大家跟随的是谁。

伟达公关公司（Hill and Knowlton）这家全球公关公司的前 CEO 罗伯特·狄伦施耐德（Robert Dilenschneider）有着超强的说服别人的能力，在政界和商界如鱼得水。他写了一本名为《权力与影响力》（*Power and Influ-*

ence）的书。在书中，他分享了"权力三角"的概念："此三角形的三个要素是沟通、认可以及影响力。以有效沟通为起点，这会产生认可，而认可则会接着产生影响力。"

领导力的层次

领导力有五个层次，了解了这些层次，能帮助我们增强影响力。

领导力的五个层次

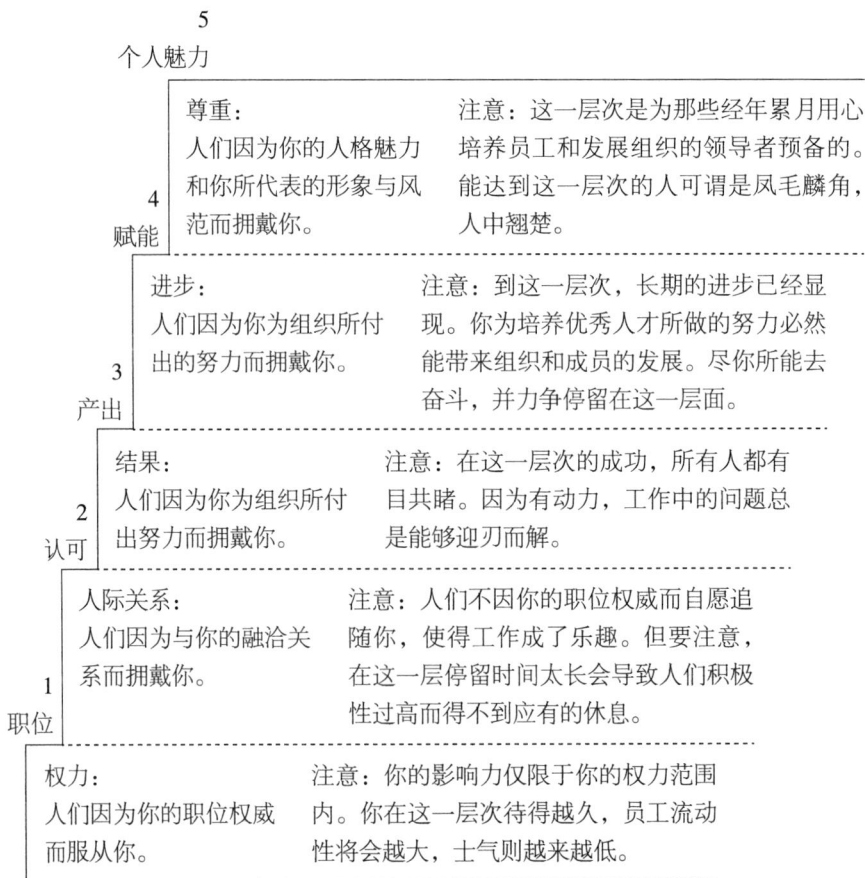

5 个人魅力		
4 赋能	尊重： 人们因为你的人格魅力和你所代表的形象与风范而拥戴你。	注意：这一层次是为那些经年累月用心培养员工和发展组织的领导者预备的。能达到这一层次的人可谓是凤毛麟角，人中翘楚。
3 产出	进步： 人们因为你为组织所付出的努力而拥戴你。	注意：到这一层次，长期的进步已经显现。你为培养优秀人才所做的努力必然能带来组织和成员的发展。尽你所能去奋斗，并力争停留在这一层面。
2 认可	结果： 人们因为你为组织所付出努力而拥戴你。	注意：在这一层次的成功，所有人都有目共睹。因为有动力，工作中的问题总是能够迎刃而解。
1 职位	人际关系： 人们因为与你的融洽关系而拥戴你。	注意：人们不因你的职位权威而自愿追随你，使得工作成了乐趣。但要注意，在这一层停留时间太长会导致人们积极性过高而得不到应有的休息。
	权力： 人们因为你的职位权威而服从你。	注意：你的影响力仅限于你的权力范围内。你在这一层次待得越久，员工流动性将会越大，士气则越来越低。

1. 第一层：职位——人们因为必须这样做而跟随你

这是领导力的基本层次，你只有因头衔而得来的影响力。停留在此阶段的人依靠的是协议、传统、组织规章。这些虽然不是什么负面的东西，然而它们却是领导力的糟糕替代品。

一个人或许因为被派到某个职位而得以"掌控局面"。身处那样的职位，他也许会拥有权力。然而真正的领导力并不仅是拥有权力而已，真正的领导力是成为一个别人乐意且有信心跟随的人。一个真正的领导者了解老板和领导者之间的差异：

- 老板驱使员工；领导者指导员工。
- 老板依靠地位；领导者依靠品格。
- 老板制造恐惧；领导者激发热情。
- 老板强调"我"；领导者强调"我们"。
- 老板解决因问题而产生的抱怨；领导者解决问题。

职位型领导者有以下特性：

安全感来自职位，而非能力。职位型领导者的影响力通常仅限于他的权力范围内，人们之所以服从他，是迫于他的职位，而非出于自愿，也不是因为他的领导才能。因为，职位型领导者往往会缺乏安全感和自信心。

职位通常都是因上级指派而获得的。其他层次的领导力则来自能力。美国棒球教练利奥·杜罗切（Leo Durocher）在一场表演赛中指导一垒时，有个吵闹的学生不断对杜罗切喊叫，尽其所能地干扰他。他叫喊着："嘿，杜罗切，像你这样的小毛头是怎么进入大联盟的？"

杜罗切回敬他说："国会议员指派我的！"

在职位型领导者的指定权限之外，人们不会跟他。人们只会做他们被要求必须做的事情，因此士气低落是常态。当领导者缺乏信心时，跟随者就会缺乏承诺。

职位型领导者较难与志愿者、白领人士和年轻人合作。志愿者无须在机构工作，因此职位型领导者无法利用权力手段迫使他们响应自己。白领人士通常会参与决策，且厌恶独裁型领导者。而年轻人们则对权力符号没有好印象。

在这个层次，必须掌握以下素质之后，你才能提升到下一个层次：

- 完整了解你的工作内容。
- 熟知组织的历史背景。
- 将组织历史与组织成员联系起来（换句话说，成为团队的一分子）。
- 承担责任。
- 以一贯的优秀表现来完成你的工作。
- 比人们期望的付出更多。
- 为改变和改良提供有创意的想法。

2. 第二层：认可——人们自愿跟随你

联邦快递（Fed Ex）创始人弗雷德·史密斯认为："**领导力是让人们在未被强迫的情形下为你工作。**"当你进入领导力的第二层次时，就会出现这种情况。领导力从心开始，而非从头开始。领导力因人际关系而发展，而非因为刻板的规则。

这一层次的领导者思考的不是等级次序，而是人的发展。在这个层次，领导者付出时间、精力，且特别关注跟随者的需求和渴望。阿米泰·艾齐厄尼（Amitai Etzioni）的著作《现代组织》（*Modern Organizations*）

中，有一则汽车大王亨利·福特的故事，批判他不把人们的需求摆在第一位：

> 他制造了一辆完美的T型车，终结了人们对任何其他车型的需求。他完全是生产导向的人。他恨不得全世界到处都是他的这款T型车。当人们开始涌向他，说'福特先生，我们想要一款别的颜色的车子'，他却回答说："你们可以拥有任何你想要的颜色，只要它是黑色的。"而T型车的衰落也就是从这时候开始的。

那些无法建立稳固、持久的人际关系的人，很快便会发现，他们也无法维持长久的领导力。

注意，不要试图跳过任何一个层次。第二层是最容易被人忽略的。举例来说，一个丈夫从第一层，丈夫这个头衔，跃到第三层，产出。他成为家庭的供养人，但是在这个过程中，他忽略了维系家庭中最根本的关系。他的家庭最终难免会走向瓦解。关系包括了一种凝聚力，可以维持长期持续的产出。

在这个层次，必须掌握以下素质之后，你才能提升到下一个层次：

- 对他人抱有一份真诚的爱。
- 让与你一起工作的人更成功。
- 看穿人们的心思。
- 把人放在制度之上。
- 做到双赢，否则就不要做。
- 让他人参与你的奋斗旅程。
- 理智地对待难缠的人。

3. 第三层：产出——人们因为你为组织做的一切而跟随你

到了这个层次，你努力的成果开始显现。营业额增加，士气高涨，员工流动率低，需求被满足，目标也得以实现。伴随着成长而来的是"强大的动势"。领导与影响他人充满了乐趣，你只需付出很少力气就能解决问题。所有人都以结果为导向。事实上，结果是所有工作的主要动因。

第二层与第三层最主要的差异是，在第二层中，人们只是因为想在一起而在一起，没有其他目的。而在第三层中，人们走在一起是为了达成一件事情。这就是所谓的结果导向。

在这个层次，必须掌握以下素质之后，你才能提升到下一个层次：

- 激发并承担成长的责任。
- 确定一个愿景。
- 将你的工作内容与能量融入到愿景里。
- 从自身做起，以结果为导向。
- 将精力集中在能带来高回报的事情上。
- 传播组织的策略与愿景。
- 随时准备好改变，把握时机。
- 做出艰难的决定，勇于挑战。

4. 第四层：赋能——人们因为你为他们做的一切而跟随你

领导者之所以优秀，并不是因为他的权力，而是因为他赋能的能力。没有后继者，就没有成功可言。一个劳动者的职责是自己完成工作，一个领导者的职责是培养他人完成工作。真正的领导者被认同，是因为他的下属都可以有持续不断的优异表现。

在领导者的指导下，跟随者获得个人成长，使他对领导者的忠诚度达到最高值。请留意这样一个发展过程：在第二层，跟随者拥戴领导者；在第三层，跟随者敬佩领导者；在第四层，跟随者对领导者忠诚。为什么呢？因为你协助跟随者获得了成长，从而赢得了人心。

你领导的人，应该都是你亲自影响，或者以某种形式帮助其成长的人。在这种情况下，他们都将会表现出对你的爱戴与忠诚。

然而，身为领导者的你，在提升影响力、和你周围的人融洽相处的同时，仍然可能面临着一个潜在问题：许多新人可能会视你为一名职位型领导者，因为你并未与他们亲自接触过。以下建议可以帮助你培养更多的人：

慢慢走过人群。用各种方式和每个人保持联系。

培养关键领导者。我会有计划地培养一些在组织中有影响力的人，重点指导他们。他们会利用我教他们的东西，来指导其他人。

在这个层次，必须掌握的要点如下：

- 认识到人是你最有价值的资产。
- 把人的发展放在优先位置。
- 成为他人效仿的榜样。
- 将你的精力倾注于前20%的人身上。
- 让你培养的关键领导者有成长的机会。
- 吸引其他优胜者／产出者参与到共同目标中来。
- 与你周围的优秀人士取长补短。

5. 第五层：个人魅力——人们因为你和你代表的一切而跟随你

我们绝大多数人都达不到此阶段。只有穷其一生，不断修炼领导力，才能让我们进入第五层，获得源源不断的回报。我相信有一天我会达到这个境界的。

以下是第五层领导者的特征：

- 你的跟随者忠诚且愿意牺牲。
- 你花费多年时间指导与栽培其他领导者。
- 你成了一个导师 / 顾问，是他人渴望接近的对象。
- 你最大的快乐来自目睹他人成长与发展。
- 你的领导力超越了组织的范围。

攀登领导力的阶梯

以下是关于领导力发展过程的补充观点：

1. 爬得越高，前路越长

每当你的职位有变化，或你加入新的圈子，你可能都要从最基础的阶段开始，重新来过。

2. 级别越高，承诺越多

这种承诺的增加是双向的，不仅对于你，对于你的跟随者也同样如此。当领导者或跟随者任何一方开始懈怠，不愿为更高的阶段付出牺牲，你的影响力就会开始降低。

3. 层次越高，领导就越轻松

留意从第二阶段到第四阶段的进程，人们对你的拥戴，从因为你个人，到因为你为共同目标所做的一切，再到你为他们个人所做的一切。领导者每提升一个层次，就多了一个人们愿意跟随的理由，领导工作就会变得更轻松。

4. 走得越远，成长越多

当有成效的改变出现时，成长才有可能发生。当你的领导力层次提升，改变会变得更容易，其他人会容许，甚至协助你做出必要的改变。

5. 不要试图跳过某一层次

每个层次都以上一个层次为基础，而如果上一层次被忽略，现有层次就会崩塌。举例来说，如果你从认可（关系）阶段提升到产出（成果）阶段后，不再关心跟随你和协助你产出的人，他们就可能会产生一种被利用的感觉。当你向上走时，你和他们的关系，应该变得更加深入和稳固。

6. 你必须带着团体中其他有影响力的人，和你一起进步

你和其他领导者所共有的影响力，将会带领其他人一起前进。如果你不团结其他有影响力的人，团队将会因为利益的不同而分裂。

7. 你必须认清你此刻所在的层次

因为你在不同的圈子里会处于不同的层次，你需要认清自己在哪里处于哪个层次。如果组织内最有影响力的人处于最高层次，并且支持你，那你的工作就能顺利开展。如果最有影响力的人位于最高层次，却不支持你，那就会有麻烦。

每个人都会影响某些人。并非所有人都能成为优秀的领导者，但每个人都可以成为一个更好的领导者。

09 如何扩展影响力

给予他人力量，你的生活也会改变。

一位名为威廉·沃尔科特（William Wolcott）的英国艺术家，1924年来到纽约，记录了他对那个迷人城市的印象。一天早晨，当他正在同事的办公室参观时，突然灵感袭来。他看到朋友的桌上有些纸，就问："我可以用吗?"

他的朋友回答："那不是素描纸，那是普通的包装纸。"

为了不想错过这突然涌现的灵感，沃尔科特拿起包装纸说："如果你懂得怎么使用，就没有东西是普通的。"在那普通的纸上，沃尔科特画了两幅素描。同年，这两幅素描，其中一幅售得500美元，而另一幅则卖了1000美元，这在1924年可是相当大的一笔数目。

受到杰出领导者影响的人们，就好比是一名有才华的艺术家手中的纸，无论它们用什么材料制成，都能成为宝物。

赋予他人力量的能力，也就是赋能，是作为领导者必须具备的能力。约翰·克雷格（John Craig）认为："不管你多有能力，无论你的性格多有魅力，如果你不能借用他人的力量来工作，你就不会有多大的进展。"而大富豪 J. 保罗·盖蒂（J.Paul Getty）则主张："主管无论拥有多少知识或经验，都没有太大的区别。如果他无法通过别人的力量来创造结果，他就是一个无用的主管。"

> 受到杰出领导者影响的人们，就好比是一名有才华的艺术家手中的纸，无论它们用什么材料制成，都能成为宝物。

当你成为一名赋能者，你就能和他人合作并借用他人的力量，你还能帮助人们在个人和专业发展上达到更高的水平。简单地说，赋予他人力量，就是为了个人和组织的成长而将你的影响力赋予他人。你要将自己的影响力、权力、技能、经验和机会与他人分享，用这些投资于他人，让他们有最好的表现。这样才能最大程度地激发出他们的潜力，并让他们知道，你完全相信他们。

在你的人生中，你或许已经在赋予某些人力量，只是你没意识到而已。当你把一项重要决定交托给你的伴侣，然后在背后支持和鼓励他时，那就是赋能；当你认为你的孩子已经可以自己过马路，并且你也允许他这么做时，那就是赋能；当你把一项有挑战性的工作委派给一名员工，并且给予他完成工作所需的权限时，那就是赋能。

赋能可以改变你的生活，这对于你和你所赋能的人来说，是双赢的局面。授予他人你的权力，并不像是给他人某件物品，例如你的车子。如果你把车给了别人，你自己不再拥有交通工具。然而把权力赋予他人，你什么都不会失去。你增强了别人的能力，同时没有减少自己的。

赋能者的资格

几乎所有人都有潜力成为一名赋能者，不过你却无法赋能给每个人。要具备某些条件，赋能才行得通：

1. 职位

你无法赋能给一个不用接受你领导的人。弗雷德·史密斯解释道："谁能允许另一个人成功呢？一个有权力的人。其他人可以鼓励别人成功，但是不能允许别人成功。这只能来自一个有权威的人：父母、老板或牧师。"

2. 关系

有人说，关系是打造出来的，而非自然形成的。它需要时间和共同经历。如果你努力与他人交往，当你准备好要赋能给他们的时候，你们的关系应该足够稳固，以至于他们对你足够信服。当你重视他人以及你和他们的关系时，你就建立了赋能的基础。

3. 尊重

良好的人际关系可以让人们想和你在一起，但只有尊重才能让他们愿意被你赋能。相互尊重是赋能过程的基本要素。精神病学家艾利·科福（Ari Kiev）下了这样的结论："所有人都想感受到自己是有价值的，或对某人是重要的。你能让他们有这样的感受，他们就会回报你爱、尊重以及关注。"当你相信、在乎别人时，他们会感受到的。

4. 承诺

领导者成为赋能者必须拥有的最后一个条件是承诺。美国空军官员埃德·麦克罗伊（Ed McElroy）强调："承诺，赋予我们新的力量，无论我们面临什么挑战——疾病、贫穷或灾难，我们永远不会放弃目标。"赋能的过程并非总是容易的，尤其是你第一次这么做的时候。这条道路有着许多障碍和岔路。然而它值得你去走，因为回报是如此丰厚。记住：当你赋能给他人时，你不只是影响他们，你要影响他们所影响的所有人。这就是影响力！

正确的态度

如果你想成为一名成功的领导者，还必须拥有一个关键要素：正确的态度。

许多人忽略赋能的重要性，因为他们没有安全感，担心自己的饭碗会被手下抢走。他们不想被取代或被替换，也害怕改变。然而，对你所赋能的人以及你自己而言，改变就是赋能的一部分。如果你想往前走，你就必须愿意放弃一些事情。

如果你不确定自己的态度，就请回答以下的问题：

- 我信任别人，且认为他们是组织中最有价值的资产吗？
- 我相信赋予他人力量所能完成的事情，比个人的成就更多吗？
- 我会主动寻找有潜力的领导者吗？
- 我乐意让他人晋升到比我更高的层级吗？
- 我乐意投资时间来培养有领导才能的人吗？
- 我乐意让他人因我的帮助而获得荣誉吗？
- 我允许他人拥有独立性，还是我必须掌控全局？
- 我乐意公开地赋能给有潜力的领导者吗？

- 我乐意让他人取代自己的工作吗？
- 我乐意将接力棒交给我所赋能的人，并且真心鼓励他们吗？

如果你对以上问题的回答，有超过两个否定的话，你或许需要调整自己的态度了。你必须足够信任他人，才能提供给他们你所能做的一切，并且足够相信自己，才会明白这不会对你有所损害。记住，**只要你不断让自己成长，你就一定有东西可以给予，而你也不用担心会被取代。**

如何有针对性地赋能

一旦你有信心了，你就准备好开始赋能这个过程了。你应该从把比较简单的小任务交给他们开始，逐渐增加他们的责任和权力。无论他们是无经验的新手，还是经验丰富的老手，带领他们经历这个过程是相当重要的。

1. 对他们进行评估

赋能的第一步，就是先评估他们。一个没有经验的人，如果你的动作太快，会导致他们失败。而对于有丰富经验的人来说，如果你动作太慢，会令他们沮丧，导致其士气低落。

记住，所有人都有成功的潜力。你的工作是要看到潜力，找出他们有所欠缺的地方，并提供给他们所需的一切。当你在评估赋能对象时，留意这几个部分：

知识。看看人们是否有足够的知识储备从事你交付给他们的工作。不要以为他们会知道所有你知道的事情。提供给他们足够的背景资料。向他们展示愿景，让他们看到，他们的行动如何符合组织的使命和蓝图。知识不仅是力量，它也赋予人们力量。

技巧。看看他们是否有足够的技巧。没有什么会比要你去做你没有能力做的事情更让人沮丧的了。身为赋能者，你的任务就是明确工作的要求，并且确保你的成员拥有成功所需的技能。

渴望。希腊哲学家普鲁塔克（Plutarch）认为："最肥沃的土壤，未经耕种，也只会杂草丛生。"如果人们没有对成功的渴望，无论有多少技巧、知识或潜力，都无法真正成功。当人们对成功有所渴望时，赋能就会变得很容易。就像17世纪法国评论家琼·拉方丹（Jean La Fontaine）所写的："人只要有东西能燃烧他们的灵魂，所有的不可能就消失了。"

2. 做他们的榜样

即使是拥有知识、技巧和渴望的人，也必须需要知道你对他们的期待是什么，而让他们知道的最佳方法，就是亲自示范给他们看。

你要让他们看到，展翅高飞的姿态是什么样子的。身为他们的导师，你最适合做他们的榜样。你希望他们拥有什么样的态度和职业道德，就示范给他看。任何时候，你有机会让他们参与到工作中，就把他们带上。

3. 允许他们成功

身为一个领导者和赋能者，你或许会认为，每个人都想成功，并且会自觉地朝成功而努力，就像你一样。然而，并非每一个人都有同样的想法。你必须帮助人们相信自己能成功，并且让他们知道你希望他们成功。你该怎么做呢？

期待。作家、演说家丹尼·考克斯（Danny Cox）建议："请记住，即使你没有那种带有煽动性的热情，但你的行动，也是有感染力的。"人们会从你的言行举止中感觉到你的态度。如果你期待人们成功，他们会知道的。

说出来。语言的力量是最直接的。时常告诉他们，你相信他们可以做到，这会在无形中增强他们的信心。

4. 将权力转移给他们

许多领导者很乐意委派任务给别人，然而赋能给他人，不仅仅是让别人分摊你的工作量，它是分享你的权力和能力，以便更高效地完成工作。

人们只会在有机会做决策、发起行动、解决问题和面对挑战时，才会变得强大而有成效。不要吝啬将你的权力转移出去，这对组织和成员的发展都非常有利。

5. 公开表达对他们的信心

当你将权力转移给你所赋能的人时，你必须告诉他们你相信他们，并且应该以公开的方式表达。公开认可更能够增强人们的自信心。而这也让他们的合作者知道，他们拥有你的支持，你的权力是他们的后盾。这是一种分享（以及传播）你的影响力的方式。

6. 给予回馈

公开赞扬是一个方面，但你要注意必须给他们诚实正面的反馈，否则他们不会走得很远。私下和他们交流，针对他们的错误、失策和误判给予分析和指导。一开始，有些人可能会面临很多困难。在这个早期的阶段，你应该做一个善意的给予者。尝试提供他们所需的东西，而不是他们所应得的东西。

7. 放手让他们继续下去

无论你打算赋能给谁——你的员工、孩子、同事或伴侣——你最终的目标应该是放手让他们自己做决策，凭自己的力量成功。那意味着只要他们准备好了，就尽可能给予他们自由。

林肯总统就是一个擅长赋能的专家。1864 年，他任命格兰特将军

（Ulysses S.Grant）为联邦军总司令时，给了他这样的讯息："我不会询问，也不想知道你的任何计划。接下这份职责，并采取行动，需要协助时再来找我。"

这是你要成为一名赋能者必须持有的态度。在我的人生中，遇到过最好的赋能者，是我的父亲梅尔文·麦克斯维尔。他总是鼓励我，也尽量在可能的时候给予我帮助和支持。父亲告诉我他的哲学："只要我知道，你在做符合道德的事情，我就不会有意识地限制你。"

赋能的结果

不管你领导的是什么类型的组织——企业、俱乐部、教会或家庭，学会赋能给他人，是你身为领导者需要做的最重要的事情之一。赋能会带来极大的回报，它扩展了你的影响力，帮助更多有潜力的人获得成功，同时也给了你额外的自由，并且让你的组织健康成长。

在你赋能给他人的同时，你会发现，你生活的方方面面都会改善。你有更多时间从事重要的事情，你建立了积极稳固的人际关系。你的家庭和事业都会因此受益。

10 如何保持持久的领导力

> 领导力的价值可以用延续性来衡量。

1997年，世界上最优秀的商业领袖之一去世了。他就是郭思达（Roberto Goizueta），他是可口可乐公司前董事长和总裁。

让可口可乐公司成为全球最佳企业，是郭思达毕生的追求，直到生命的最后一刻。失去总裁的公司通常会陷入混乱，尤其是像郭思达这样突然离去。在去世前不久，他在一段报纸访谈中谈道："退休从来不在我的考虑之内。只要我仍享受我正在享受的乐趣，只要我有足够的体力，只要我不能阻挡阳光洒在人们身上，只要董事会让我继续待着，我就会继续待着。"就在这段访谈过后几个月，他被诊断出患上癌症。6个星期后，他就过世了。

美国前总统吉米·卡特说："或许当代没有其他企业领导者能如此完美地示范美国梦了。他相信，在美国，所有事情都是可能的。他实践着这样的梦想。他以卓越不凡的领导技巧，帮助了无数人实现他们的梦想。"

郭思达的传承

郭思达留给公司的遗产相当惊人。他在1981年接管可口可乐公司时，这家公司的市值是40亿美元。在郭思达的带领下，公司市值攀升到1500亿美元，增值的幅度超过了35倍。可口可乐公司成为全美最有价值的企业之一，领先汽车制造商、石油公司、微软、沃尔玛等。许多可口可乐的股东都成了千万、百万富翁。位于亚特兰大的埃默里大学（Emory University），由于持有大笔的可口可乐股票，其财产已足以和哈佛大学抗衡。

然而高价值的股票，并非是郭思达留给可口可乐公司最有意义的东西，最有意义的是他留下遗产的方式。当这位总裁的死讯宣布时，并未引起可口可乐股东的恐慌。普惠（Paine Webber）公司的分析师伊曼纽尔·古德曼（Emanuel Goldman）表示，郭思达"是我所见过的能让公司在他不在的状态下依然能正常运作的最强总裁"。

他是怎么做到的？首先，他先尽其所能让这家公司壮大。其次，他培养了一位名为道格拉斯·依维斯特（Douglas Ivester）的继任者。根据《亚特兰大宪政报》（*Atlanta Constitution*）的报道："不像一些在高阶主管离职或过世时会面临危机的公司，可口可乐预计会维持其全球最受赞誉的企业之一的地位。早在1994年，郭思达就指派依维斯特为公司第二职位，开始预备让依维斯特接他的班。在郭思达6个星期前被诊断出罹患肺癌时，这家公司的股票几乎没有受到任何影响。"

依维斯特的背景是一名会计师。1979年，他开始自己在可口可乐公司的职业生涯时，担任财务总监助理。4年后，他被任命为财务总监。他以卓越的金融创意而闻名，而他也是协助郭思达改革公司投资和债务应对策略的主力。到了1989年，郭思达认为依维斯特还有很多潜能，将他调离金融岗位，派他到欧洲汲取营运经验。一年后，郭思达将他调回，任命他为美国可口可乐的董事长，负责管理支出及营销。自此他不断培育依维斯特。1994年，郭思达任命他为总裁和营运总监。

郭思达的所为相当不寻常。今天，很少有公司的高层主管愿意培养有能力的主管，并放心让他们接管这个组织。亿康先达国际有限公司（Egon Zehnder）的顾问约翰·S.伍德（John S. Wood）提到："各家公司直到最近才开始大量投资在人才培育上。如果你不培养人才，你就必须到外面寻找他们。"郭思达知道亲自培养人才的重要性。

郭思达生于古巴，在耶鲁大学接受教育，并在该校取得化学工程学位。1954年他返回哈瓦那时，看到报纸上一则招聘双语化学家的广告，而雇用了他的企业就是可口可乐公司。到了1966年，他已经是位于亚特兰大的公司总部的技术研发部副总裁，是公司有史以来担任该职位最年轻的人。到20世纪70年代初期，发生了更重要的一件事情。可口可乐公司的元老罗伯特·伍德罗夫把郭思达招到其身边，开始着力培养他。1975年，郭思达成为公司技术部执行副总裁，并担任其他部门的职务，例如监察和法律事务。1980年，受伍德罗夫的关照，郭思达成为总裁以及营运总监。一年后他身兼董事长和总裁之职。郭思达之所以如此有信心遴选、培育好一位继任者，是由于他自己之前接受了同样的培养。

能够留下传承的领导者

能够为组织留下传承的领导者会做以下事情：

1. 用长远的眼光来带领组织

任何领导者似乎都可能让一个组织有短时间的良好表现：通过推出一项炫目新奇的计划或产品，吸引很多人参与一项大型活动，或砍掉某些预算以增加收益。然而留下传承的领导者会用不同的方式，他们的眼光更加长远，他们的脑海里有更大的蓝图。那正是郭思达的做法。只要他仍拥有战斗力，他就会完成自己的职责，然而他还是先把继任者准备好。他总是会为公司和股东争取最大利益。

2. 创造领导力文化

最稳定的公司在每个层级都有杰出的领导者。培养广泛的领导力的唯一方法，就是让培育领导者成为公司文化的一部分。这是可口可乐公司的强项。

3. 愿意有所牺牲

任何成功都要有所牺牲。每一家组织都是独特的，那也决定了所要付出的代价不同。不过，任何领导者，想要组织长远发展的话，都必须愿意付出代价，以确保持续的成功。

4. 重视团队领导力更胜于个人的领导力

无论多么优秀，没有任何领导者可以独自完成大业。正如一个优秀教练需要一支由杰出运动员组成的球队才能得胜一样，一个组织也需要一个由优秀领导者组成的团队才能成功。组织越大，领导者团队就必须越强。

5. 做好离开的准备

郭思达没有机会主动离开，因为他太早过世。然而如果他仍在世，我相信他一定会这么做。当一个领导者离开组织的时候到了，他必须要乐意离开，并且放手让他的继任者处理事务。干涉只会损害他自己和组织。

少有领导者能留下传承

《领导力是一门艺术》（*Leadership Is an Art*）的作者麦克斯·杜普里（Max Dupree）主张："**培养接班人是领导力的关键职责。**"然而在所有领导力的特性中，传承似乎是领导者最不了解的部分。成就来自一个人有能力为自己做大事；成功来自一个人赋能给他人，与他一起做大事。意义来自一个人培育领导者为他做大事，但只有一个人让组织在他已经离开的情况下做大事，这才能称作传承。

我是在艰难的情况下明白传承的重要性的。我在印第安纳州的希瀚镇担任领导职务时，那所教会有了很大的发展，我以为我已经成功了。一开始，参加教会的只有3个人。在3年时间里，我扩大教会，将触角延伸到社区，影响了许多人的生活。我离开的时候，参加教会的平均人数已高达200人，还曾有超过300人的纪录。我将所有活动安排得井井有条，在我眼中，未来一片光明。我以为我完成了一件有意义的事情。

18个月后，我转到第二家教会，在那里我和一位久未谋面的朋友共进午餐，他刚在希瀚镇待过一段时间。我问他那边情况如何，他的回答让我感到相当诧异。

"不怎么好。"他回答说。

"真的吗？为什么？我离开的时候一切都很好啊。发生了什么事？"我说。

他答道："嗯，事情有点脱轨。有些你开办的活动都办不下去了。那间教会现在大概只有100人，甚至可能更少。"

那真令我难过。一个领导者很不愿意见到他投注心力和血汗的事情逐渐落没。一开始，我对我的继任领导者有点生气。然而后来我意识到，如果我真的在那里有过一番杰出的作为，不管是好或差的领导者接任我的职位，都不会有大的区别。真正的错误在于我自己。我没有在那里建立我离开以后能延续的组织。这是我第一次意识到传承的重要性。

转变思维模式

在那之后，我开始以一种全新的方式看待领导力。每一个领导者最终都会离开他的组织，无论以什么方式。他可能会换工作、升迁或者退休。即使一个人拒绝退休，他还是会有过世的一天。这让我明白到，我身为领导者的一部分工作，就是开始让我的成员和组织做好准备应付未来无法避免的事情。这让我的专注点从领导跟随者转变为培养领导者。我的价值，就像任何其他领导者一样，是以我是否有能力让组织具有延续性来衡量的。

1981年，我第一次到地平线教会时，我给自己定的首要目标是寻找与培育领导者，因为我知道我们的成功有赖于此。我在那里待了14年，我们培育了数百位杰出的领导者，包括志愿者和教会员工。

我生命中最大的快乐之一，就是得知地平线教会目前的状况，比我在1995年离开时还要好。继任我的职位成为高级牧师的吉姆·加洛（Jim Garlow），在该教会表现相当出色。1997年秋天，加洛邀请我回到地平线教会，在一场筹款宴会上演说关于下一阶段的建造计划，我非常愉快地接受了他的邀请。

大约有4100人出席了那场在圣地亚哥会议中心的盛会，该会议中心就坐落在这个城市美丽的港湾旁边。我的妻子玛格丽特和我很开心有机会能与那么多老朋友见面。当然，我也很荣幸担任当晚的主讲嘉宾。宴会相当热闹，而且很成功。人们为教会新设备的建造捐献了逾7800万美元。

我结束演讲后，立刻和玛格丽特悄悄离开了大厅。我们希望那个晚上是属于加洛的，因为他是时任地平线教会领导者。在下楼梯的时候，我抓住妻子的手，紧握了一下。知道我们在那些年所创始的一切都持续运作着，这是很令人高兴的。那就像我的朋友克里斯·摩斯葛夫（Chris Mus-grove）说的：**"成功不在于你得到了什么，而在于你留下了什么。"**

当一切尘埃落定，你作为领导者的能力，将不是由你个人的成就，或者你的团队在你任期内所完成的一切来判断的，而是由在你离开后你的成员和组织的表现如何来判断的。你长久的价值，将会由你领导力的延续性来衡量。